501 अजीबोगरीब तथ्य

लेखक
संजीव गर्ग

चित्रांकन
उदयशंकर

वी एण्ड एस पब्लिशर्स

प्रकाशक

वी एण्ड एस पब्लिशर्स

F-2/16, अंसारी रोड, दरियागंज, नई दिल्ली-110002
☎ 23240026, 23240027 • *फैक्स:* 011-23240028
E-mail: info@vspublishers.com • *Website:* www.vspublishers.com

शाखा : हैदराबाद
5-1-707/1, ब्रिज भवन (सेन्ट्रल बैंक ऑफ इण्डिया लेन के बगल में)
बैंक स्ट्रीट, कोटी हैदराबाद-500 095
☎ 040-24737290
E-mail: vspublishershyd@gmail.com

वितरक :

- **पुस्तक महल®**, दिल्ली
  J-3/16, दरियागंज, नई दिल्ली-110002
  ☎ 23276539, 23272783, 23272784 • *फैक्स:* 011-23260518
  E-mail: info@pustakmahal.com • *Website:* www.pustakmahal.com
  बंगलुरू: ☎ 080-22234025 • *टेलीफैक्स:* 22240209
  पटना: ☎ 0612-3294193 • *टेलीफैक्स:* 0612-2302719

- **पी.एम. पब्लिकेशंस**
  - 10-बी, नेताजी सुभाष मार्ग, दरियागंज, नई दिल्ली-110002
    ☎ 23268292, 23268293, 23279900 • *फैक्स:* 011-23280567
    E-mail: rapidexdelhi@indiatimes.com, pmpublications@gmail.com
  - 6686, खारी बावली, दिल्ली-110006
    ☎ 23944314, 23911979

- **यूनीकार्न बुक्स**

  मुम्बई :
  23-25, जोबा वाडी (अपोजिट वी०आई०पी शोरूम), ठाकुरद्वारा, मुम्बई-400002
  ☎ 22010941 • *फैक्स:* 022-22053387

दो शब्द

रोजमर्रा की जिंदगी में हम बहुत-सी आकर्षक चीजें देखते या लोगों से सुनते हैं। कई बार तो वे बातें बिलकुल अविश्वसनीय लगती हैं। इस पुस्तक में ऐसे 501 अजीबोगरीब तथ्य प्रस्तुत किए गए हैं।

इसमें 10 अध्याय हैं। इन अध्यायों में धरती के बहुत-से विलक्षण पहलुओं, ब्रह्माण्ड, मानव-शरीर, पशु, पक्षी, पौधे, प्राणी, स्थान, विज्ञान, तकनीक तथा अन्य बहुत-सी बातों का वर्णन किया गया है। अधिकतर तथ्यों की सचित्र प्रस्तुति की गई है।

यह पुस्तक आम पाठकों, विशेषतया बच्चों को मद्देनजर रखते हुए बहुत आसान एवं लोकप्रचलित भाषा में लिखी गई है। आशा है कि इसे सभी पाठकों से प्रोत्साहन मिलेगा।

संजीव गर्ग

विषय-सूची

1

अद्भुत ग्रह धरती

विचित्र गर्जन

बादलों की गर्जन तो हम सबने सुनी है, लेकिन रेगिस्तानों में टीलों से खिसकने वाले रेत से भी तेज गर्जन पैदा होती है।

कितना ठंडा

जनवरी महीने में उत्तरी भारत में 3° या 4° सेल्सियस पर ठंड के मारे लोग दांत किट-किटाने लगते हैं। क्या तुम जानते हो कि दक्षिणी ध्रुव का औसत तापमान - 50° सेल्सियस रहता है? सन् 1983 में रूस के वोस्तोक केंद्र पर दक्षिणी ध्रुव के पूर्व में न्यूनतम तापमान - 89.2° सेल्सियस रिकॉर्ड किया गया था।

चुंबकीय ध्रुव

अधिकांश लोग सोचते हैं कि भौगोलिक उत्तरी और दक्षिणी ध्रुवों से चुंबकीय उत्तरी और दक्षिणी ध्रुवों की दूरियां समान हैं, लेकिन वास्तव में भौगोलिक उत्तरी ध्रुव से चुंबकीय उत्तरी ध्रुव की दूरी 1,600 किमी. तथा भौगोलिक दक्षिणी ध्रुव से चुंबकीय दक्षिणी ध्रुव की दूरी 2,570 किमी. है।

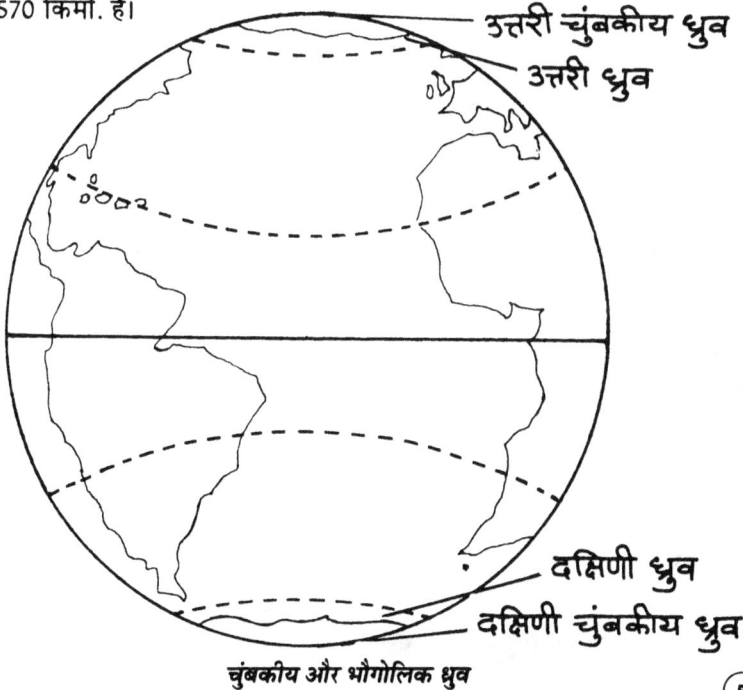

चुंबकीय और भौगोलिक ध्रुव

ओल्ड फेथफुल गीजर

गर्म चश्मा (गीजर)

अमेरिका के यलोस्टोन पार्क का ओल्ड फेथफुल गीजर (Old Faithful Geyser)प्रतिदिन हजारों गैलन गर्म पानी का फव्वारा हवा में छोड़ता रहता है, जिसकी ऊंचाई 37 से 46 मी. तक जाती है। यह देखने में अत्यंत सुंदर लगता है।

वायु की चाल

अंटार्कटिका में वायु का वेग कभी-कभी 300 किमी. प्रतिघंटा से भी अधिक हो जाता है। इतना वेग तो तीव्रतम तूफान का भी नहीं होता है।

अत्यधिक आवाज वाला ज्वालामुखी-विस्फोट

पिछले 3,000 वर्षों की अवधि में सबसे विशाल ज्वालामुखी-विस्फोट इंडोनेशिया के क्रेकाटोआ नामक स्थान पर 27 अगस्त, 1883 को हुआ था। यह 1,500 मेगाटन टी. एन. टी. के समतुल्य था। यह दुनिया के विशालतम परमाणु बम से 25 गुना अधिक शक्तिशाली था। इस विस्फोट की आवाज 4,700 किमी. दूर ऑस्ट्रेलिया तक में सुनी गई थी।

पृथ्वी पर जीवन

पृथ्वी पर जीवन का आरंभ लगभग 350 करोड़ वर्ष पहले हुआ था। यह अवधि पृथ्वी के निर्माण के केवल 110 करोड़ वर्ष बाद थी।

नील नदी

विश्व की 50 विशाल नदियों में से मिस्र की नील नदी 6,650 किमी. लंबी है। अमेजन नदी की लंबाई 6,450 किमी. है।

बिना वर्षा वाला रेगिस्तान

चिली के अटकामा मरुस्थल में सन् 1971 तक 400 वर्षों की अवधि में कभी भी बरसात नहीं हुई। यह विश्व का सबसे सूखा स्थान माना जाता है।

पृथ्वी के चारों ओर नाव खेना

60° दक्षिण अक्षांश पर पृथ्वी के चारों ओर नाव खेना संभव है।

पुरातन चट्टानें

धरती की सबसे पुरातन चट्टानें पश्चिमी ऑस्ट्रेलिया में हैं। इनकी आयु 320 करोड़ वर्ष आंकी गई है। ये धरती के जन्म के 30 करोड़ वर्ष बाद ही निर्मित हो गई थीं।

अंतर्राष्ट्रीय दिनांक-रेखा

अंतर्राष्ट्रीय दिनांक-रेखा को पार करने वाला यात्री सप्ताह में दो बार एक ही स्थान से गुजर सकता है।

अंतर्राष्ट्रीय दिनांक-रेखा

7

जल-चक्र

जल-चक्र

सागरों का जल वाष्प बनकर बादलों का रूप धारण करके वर्षा के रूप में धरती पर गिरता है और फिर बहता हुआ सागरों में पहुंचता है। इसे 'जल-चक्र' कहते हैं। जल की इस यात्रा में 1,000 वर्ष का समय लगता है।

सबसे कम ऊंचाई की पहाड़ी

सीरिया के मानचित्र में सबसे नीची पहाड़ी, जिसकी ऊंचाई केवल 15 फुट है, दिखाई गई है। उस का नाम बुक्ति थाम्पसन है।

बर्फ की मोटाई

अंटार्कटिका में गिरने वाले हिम की अधिकतम मोटाई 4,776 मी. मापी गई है। यह लगभग 3 मील है।

ज्वार

फन्डी (Fundy) की खाड़ी में विशालतम ज्वार आते हैं।

ज्वार

धरती के गर्भ में झील

धरती की सतह पर तो झीलें हम सभी ने देखी हैं, परंतु एक झील ऐसी भी है, जो धरती के अंदर है। इसका नाम लॉस्ट सी (Lost Sea) है। यह अमेरिका में है तथा इसकी खोज सन् 1905 में की गई थी।

बालू के टीले

सहारा मरुस्थल में बालू के टीलों की ऊंचाई 1,400 फुट तक पहुंच जाती है। यह ऊंचाई धरती के अनेक पहाड़ों के बराबर है।

सागर

धरती पर हम जिधर भी नजर डालते हैं, हमें भूमि दिखाई देती है, लेकिन आश्चर्य की बात तो यह है कि हमारी पृथ्वी का 71% भाग सागरों से ढका हुआ है।

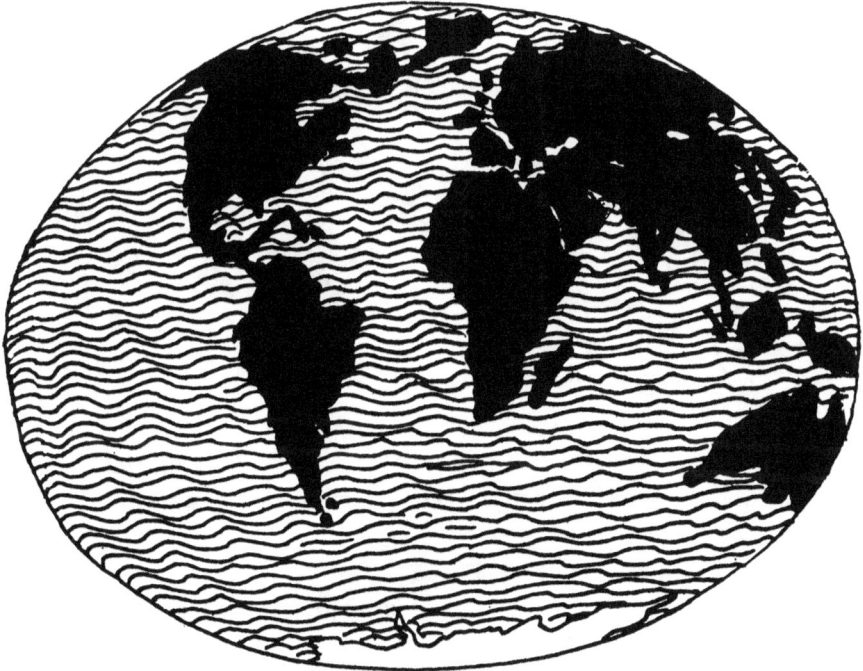

पृथ्वी पर भूमि एवं पानी

हिमखंड

हिमखंड

सन् 1956 में अंटार्कटिका में एक हिमखंड देखने को मिला, जो 335 किमी. लंबा और 97 किमी. चौड़ा था। इसका आकार हमारी राजधानी दिल्ली से भी कहीं बड़ा था।

यदि अंटार्कटिका की बर्फ पिघल जाए, तो

यदि अंटार्कटिका महाद्वीप की सारी बर्फ पिघल जाए, तो विश्व के सागरों का जल-स्तर इतना ऊंचा हो जाएगा, जिससे सारी दुनिया में बाढ़ आ जाएगी।

सहारा

सहारा रेगिस्तान इतना विशाल है कि इसने धरती का 1/8 भाग घेर रखा है। इसका क्षेत्रफल लगभग 90 लाख वर्ग किमी. है।

प्राकृतिक पुल

प्राकृतिक पुल

मनुष्य ने धरती पर अनेक सुंदर पुलों का निर्माण किया है। साथ-ही-साथ प्रकृति ने भी पुलों का निर्माण किया है। प्रकृति द्वारा निर्मित यह पुल चीन में सिंकिएंग नामक स्थान पर है। इसकी ऊंचाई 312 मी. है तथा इसका फैलाव 45 मी. है।

समुद्री जल का स्तर

धरती पर ऊष्मीय प्रभाव के कारण कैस्पियन सागर में जल का स्तर ऊपर होना शुरू हो गया है। ऐसा भी हो सकता है विश्व के महाद्वीपों में इस प्रभाव के कारण बाढ़ आ जाए।

पृथ्वी पर निम्नतम बिंदु	:	मृत सागर
सबसे लंबी नदी	:	नील नदी
सबसे बड़ा मरुस्थल	:	सहारा
सबसे गहरी झील	:	बैकाल झील
सबसे बड़ा टापू	:	ग्रीनलैंड

माउण्ट एवरेस्ट

सबसे ऊंचा पर्वत शिखर	:	माउण्ट एवरेस्ट - 8,848 मी.
सबसे बड़ा समुद्र	:	साउथ चाइना सी
सबसे बड़ा महाद्वीप	:	एशिया

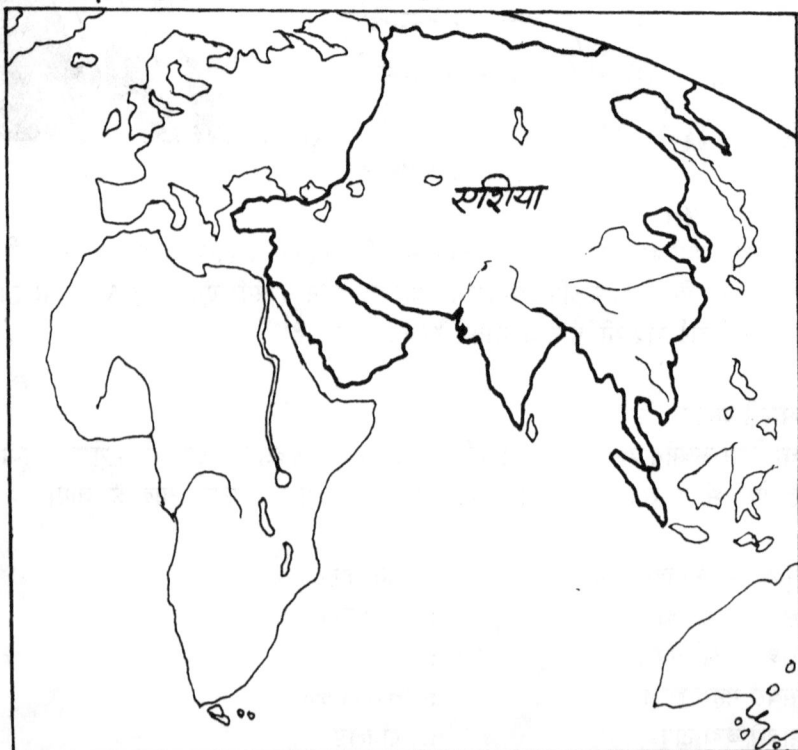

एशिया

सबसे बड़ा महाद्वीप एशिया

एन्जल प्रपात

सबसे बड़ा और गहरा सागर	:	प्रशांत महासागर
नवीनतम टापू	:	लतीकी
उच्चतम जल-प्रपात	:	एन्जल प्रपात
सबसे बड़ा डेल्टा	:	गंगा और ब्रह्मपुत्र (बंगला देश में)
सबसे बड़ी खारी झील	:	कैस्पियन सागर
सबसे बड़ी मीठे पानी की झील	:	सुपीरियर झील
सबसे लंबा ग्लैशियर	:	लैंबर्ट ग्लैशियर
धरती की सतह का क्षेत्रफल	:	51,01,01,000 वर्ग कि.मी.

2

ब्रह्माण्ड के विषय में अविश्वसनीय तथ्य

विशालतम तारा

ऐन्टेरीज तारे (Antares star) का व्यास 42 करोड़ किमी. है। यह सूर्य के व्यास से लगभग 300 गुना अधिक बड़ा है।

ब्लैक होल

वैज्ञानिकों ने अंतरिक्ष में कुछ ब्लैक होल्स का पता लगाया है। इनके अंदर गुरुत्वार्कषण बल इतना अधिक होता है कि यह ब्रह्माण्ड की किसी भी वस्तु को निगल सकता है। यहां तक कि यह किसी गुजरते हुए तारे और उसके प्रकाश को भी निगल जाता है। यदि एक किलोग्राम वजन की एक पुस्तक किसी ब्लैक होल से 6 मी. दूरी पर रखी जाए, तो उसका भार कई करोड़ टन हो जाएगा। भार की यह वृद्धि गुरुत्व बल के कारण ही होती है।

चंद्रमा की सतह के गड्ढे

चंद्रमा की सतह पर विभिन्न आकारों के अनेक गड्ढे हैं, जिनमें से कुछ का व्यास तो 250 किमी. तक है। इन गड्ढों का निर्माण बहुत समय पहले उल्का पिण्डों के टकराने से हुआ था।

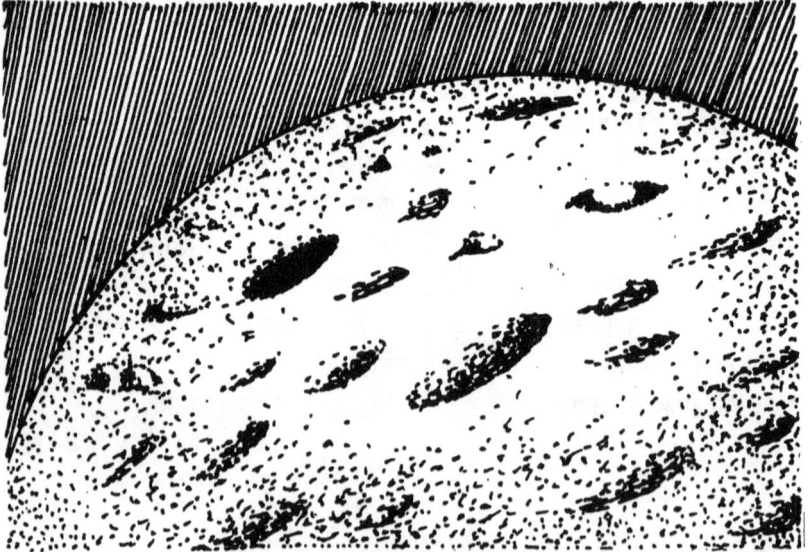

चंद्रमा की सतह के गड्ढे

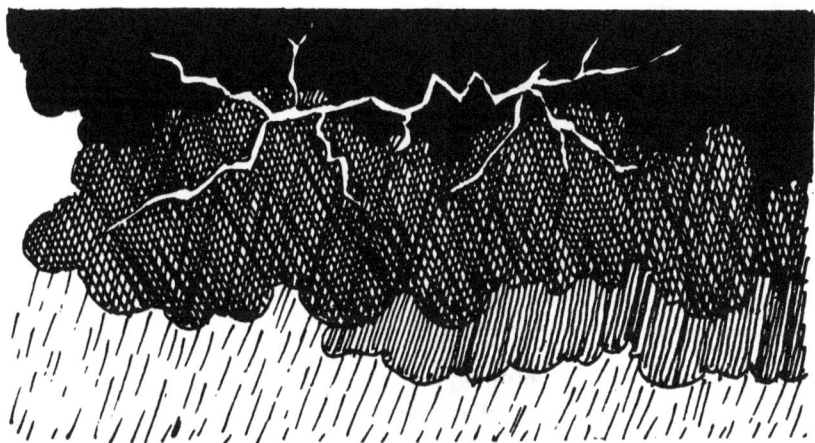

बिजली कड़कना

बिजली कड़कना

क्या आप विश्वास कर सकते हैं कि विश्व में प्रतिक्षण 1,800 बार बादलों की गर्जन होती है और इन गर्जनों में प्रति मिनट 6,000 बार बिजली चमकती है।

सबसे बड़ा ज्वालामुखी

हमारी धरती पर अनेक ज्वालामुखी फटे हैं और फटते रहते हैं, लेकिन सौर परिवार का सबसे बड़ा ज्वालामुखी मंगल ग्रह के चंद्रमा ओलंपस पर है। यह 600 किमी. चौड़ा और 24,000 मी. ऊंचा है। यह एवरेस्ट पर्वत से भी 3 गुना अधिक ऊंचा है।

सूर्य की अपनी परिक्रमा

सूर्य भी आकाशगंगा की परिक्रमा करता है। इसे आकाशगंगा के केंद्र की एक परिक्रमा में 22 करोड़ वर्ष का समय लगता है। अब तक सूर्य ने उसकी केवल 20 परिक्रमाएं की हैं।

प्राकृतिक विद्युत घर

क्वासर्स नामक तारे विशालकाय विद्युत उत्पादन केंद्र हैं। वे एक प्रकाश वर्ष दूरी से इतनी विद्युत पैदा करते हैं, जितनी सैकड़ों मंदाकिनियां (Galaxies) करती हैं।

वर्षा का सागर

वर्षा का सागर (Sea of Rains) हमारे चंद्रमा पर स्थित है। आश्चर्य की बात यह है कि इसमें एक बूंद भी पानी नहीं है।

उल्का का टकराना

रोजाना हजारों उल्कापात होते रहते हैं, लेकिन उनकी मानव से टकराने की संभावना न के बराबर होती है। सन् 1954 में एक उल्का अमेरिका के अलबामा राज्य की एक महिला से टकराई। इसके टकराने से महिला को गंभीर चोट आई थी।

आकाशीय मिसाइल

30 जून, 1908 की सुबह साइबेरिया की स्टोनी तुंगुस्का (Stony Tunguska) नदी के ऊपर आकाश में अत्यंत चमकीले आग के एक गोले का विस्फोट हुआ। यह विस्फोट 12 मैगाटन बम के समतुल्य था। 30 किमी. दूरी तक यह आग का गोला पेड़ों से टकराया और सारे जंगल में इससे आग लग गई। भूकंप की भांति इससे प्रघाती तरंगें (Shock waves) पैदा हो गईं। ऐसा अनुमान है कि यह गोला किसी धूमकेतु के सिर का एक हिस्सा था, जिसका व्यास 100 मी. और वजन लगभग 10 लाख टन था।

हैली धूमकेतु

हैली धूमकेतु

हैली धूमकेतु एक प्रसिद्ध पुच्छलतारा है। यह प्रत्येक 76 वर्ष बाद आकाश में दिखाई देता है। अभी कुछ वर्ष पहले यह सन् 1986 में देखा गया था।

अंतरिक्ष में ठहरने का रिकॉर्ड

अंतरिक्ष यात्री अंतरिक्ष में सामान्यतः कुछ दिन ठहरते हैं, लेकिन रूस के वैले रामिन (Valley Ryumin) ने अंतरिक्ष में ठहरने का एक रिकॉर्ड स्थापित किया। वे सैल्यूत - 6 में 362 दिनों तक अंतरिक्ष में रहे।

सूर्य

सूर्य का जीवन-काल
सूर्य की आयु लगभग 5 अरब वर्ष है। वैज्ञानिकों का अनुमान है कि अभी इसका जीवन 5 अरब वर्ष और बाकी है अर्थात् अभी इसकी आधी उम्र ही पूरी हुई है।

बृहस्पति ग्रह
बृहस्पति ग्रह एक ऐसा विचित्र ग्रह है, जो अधिकांशत: गैसों से ही बना है।

साइरस
साइरस तारे को डॉग स्टार (Dog star) कहते हैं।

अंतरिक्ष में जाने वाला प्रथम जीव
अंतरिक्ष में जाने वाला प्रथम जीव लाइका (Laika) नामक एक कुतिया थी। यह 3 नवंबर, 1957 को रूस के स्पुतनिक नामक उपग्रह से अंतरिक्ष में भेजी गई थी।

देवता के नाम पर ग्रह का नाम
सौर परिवार के सबसे विशाल ग्रह बृहस्पति का नाम रोम के देवता जूपीटर (Jupiter) के नाम मर रखा गया है।

सूर्य का आकार

धरती से देखने पर सूर्य छोटा लगता है, किंतु इसका आकार इतना विशाल है कि हमारी 109 पृथ्वी इसमें समा सकती हैं।

चंद्रमा की चट्टान का टुकड़ा

वाशिंगटन के गिरजाघर में चंद्रमा की चट्टान की एक चकती कांच की खिड़की में रखी हुई है। यह वैज्ञानिकों और तकनीशियनों को समर्पित की गई है। इस चट्टान को अपोलो यान के यात्री सन् 1969 में धरती पर लाए थे।

उल्टी दिशा में घूमने वाला ग्रह

सौर परिवार के सभी उपग्रह पश्चिम से पूरब की दिशा में घूमते हैं, लेकिन शुक्र एक ऐसा ग्रह है, जो पूरब से पश्चिम दिशा में घूमता है।

सबसे तेज घूमने वाला उपग्रह

हाल ही में खोजा गया बृहस्पति का एक उपग्रह इतनी तीव्रता से भ्रमण करता है कि इसे एक चक्कर लगाने में केवल 7 घंटे का समय लगता है। यह सौर परिवार में सबसे तीव्र गति से परिक्रमा करने वाला उपग्रह है।

तारे गिनना

आकाश में दिखाई देने वाले सभी तारों को लगभग एक घंटे में गिना जा सकता है।

उल्का

7.5 करोड़ से भी अधिक उल्काएं रोजाना हमारे वायुमंडल में प्रवेश करती हैं, लेकिन धरती पर गिरने से पहले ही वे वायुमंडल के घर्षण के कारण भीषण गर्मी से झुलसकर राख हो जाती हैं।

तारे गिनना

आग का गोला

सन् 1974 में सुमावा नामक स्थान के ऊपर चंद्रमा से लगभग 10,000 गुना अधिक चमक वाले आग के एक गोले का फोटो लिया गया था।

मंगल

मंगल को लाल ग्रह का नाम दिया गया है, क्योंकि इसकी सतह का रंग लाल है।

अंतरिक्ष में बातें करना

जिस प्रकार हम धरती पर एक-दूसरे से बातें कर सकते हैं, उस प्रकार अंतरिक्ष में बातें करना संभव नहीं है। इसका कारण यह है कि अंतरिक्ष में कोई माध्यम नहीं है और बिना माध्यम के ध्वनि-तरंगें संचरित नहीं होतीं।

अंतरिक्ष में बातें करना

उल्का वर्षा

नवंबर, 1966 की घटना है। तब लगभग 20 मिनट तक अमेरिका में उल्काओं की बरसात हुई थी। उस बरसात में 2,300 उल्काएं प्रतिमिनट की दर से धरती पर गिरी थीं।

उल्का के टकराने से बना गड्ढा

अंटार्कटिका में एक विशाल उल्का के टकराने से एक ऐसा गड्ढा बना, जिसका व्यास 241 किमी. तथा गहराई 805 मी. है।

सबसे अधिक ग्रहण

अब तक एक वर्ष की अवधि में सबसे अधिक सूर्यग्रहण और चंद्रग्रहण सन् 1935 में रिकॉर्ड किए गए थे। उस वर्ष पांच सूर्यग्रहण और दो चंद्रग्रहण लगे थे।

प्लूटो

नौ ग्रहों में प्लूटो सबसे छोटा और सबसे ठंडा ग्रह है।

चंद्रमां की चट्टान

चंद्रमा की सबसे प्राचीन चट्टान

अंतरिक्ष यात्रियों ने चंद्रमा से अनेक चट्टानों के नमूने लाए हैं। ऐसा अनुमान है कि ये चट्टानें 472 करोड़ वर्ष पुरानी हैं।

साइरस

साइरस नामक तारा सूर्य से भी अधिक चमकीला है। वास्तव में इस तारे के बराबर कोई भी तारा चमकीला नहीं है।

ध्रुवतारा

ध्रुवतारा या पोलेरिस हमेशा ही उत्तरी आकाश में एक ही स्थान पर दिखाई देता है। इस का कारण यह है कि यह उत्तरी ध्रुव के लगभग ठीक ऊपर है।

ध्रुवतारा

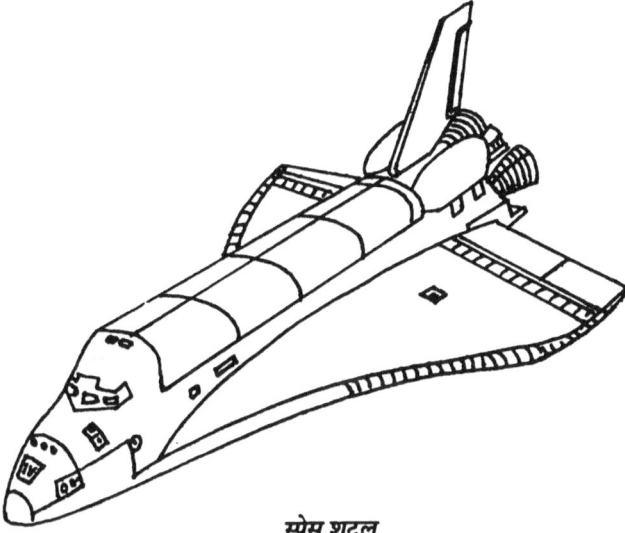

स्पेस शटल

स्पेस शटल का मूल्य

स्पेस शटल कार्यक्रम का मूल्य लगभग नौ अरब डॉलर है। यह मूल्य धरती के प्रत्येक पुरुष, स्त्री और बच्चे पर दो डॉलर खर्च करने के समतुल्य है। एक नए स्पेस शटल यान का मूल्य 60 करोड़ डॉलर लगभग आता है।

सूर्य और चंद्रमा पर वजन

60 किग्रा. भार के एक व्यक्ति का भार चंद्रमा पर केवल 10 किलोग्राम होगा, लेकिन सूर्य पर 1,680 किग्रा. भार होगा। (इसका कारण यह है कि चंद्रमा पर धरती की तुलना में गुरुत्व बल छठवां भाग है, जबकि सूरज पर 28 गुना अधिक है।)

3

मानव-शरीर के कुछ तथ्य

आंख की मांसपेशियों की हरकत
हमारी आंख की मांसपेशियां एक दिन में 1,00,000 बार हरकत करती हैं।

दिल की धड़कन की दर
महिलाओं के हृदय की धड़कन की दर पुरुषों की तुलना में अधिक होती है।

लार
मनुष्य की लार-ग्रंथियां प्रतिदिन 1 से 1.5 लिटर तक लार पैदा करती हैं।

आश्चर्यजनक मस्तिष्क
मस्तिष्क से शरीर के विभिन्न हिस्सों में जाने वाले संदेशों का वेग 240 मील प्रतिघंटा होता है।

मनुष्य की आंख
मनुष्य की प्रत्येक आंख का वजन लगभग 1.5 औन्स होता है।

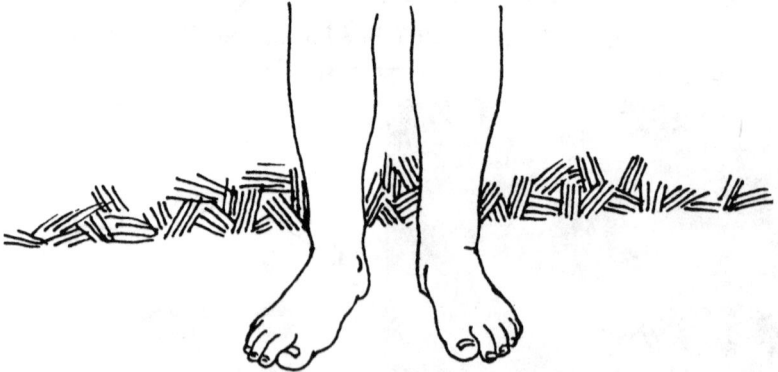

बायां और दायां पैर

बायां और दायां पैर
हमारा दायां पैर बाएं पैर की तुलना में कुछ अधिक लंबा होता है।

(22)

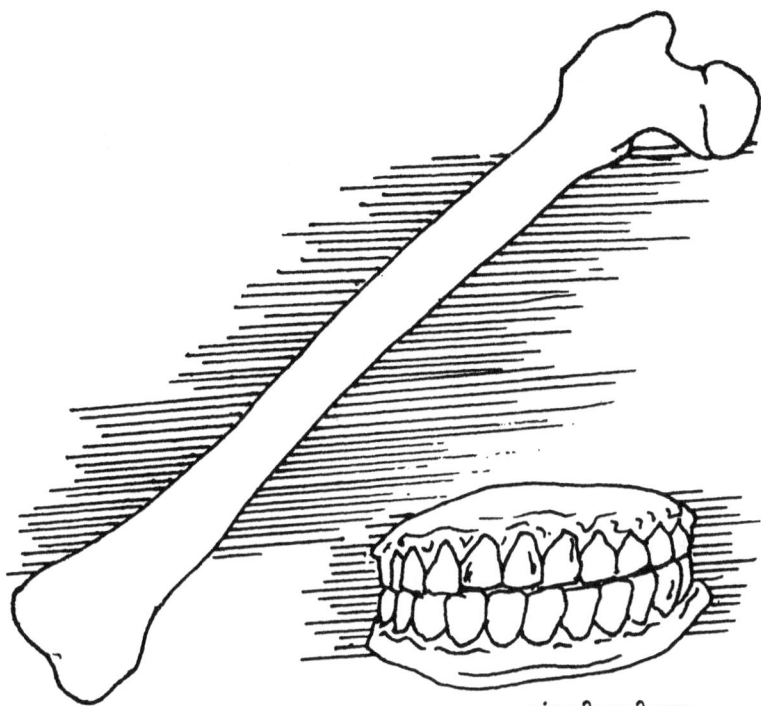

फीमर बोन   दांत की ऊपरी परत

सबसे लंबी हड्डी

हमारे शरीर में सबसे लंबी हड्डी जांघ की हड्डी होती है। इसे फीमर बोन कहते हैं। इसकी लंबाई 48 सेंमी. होती है। यह इतनी मजबूत होती है कि मनुष्य के वजन का 30 गुना भार सहन कर सकती है।

हड्डियों की संख्या

अधिकांश वयस्कों के शरीर में कुल 206 हड्डियां तथा बच्चों के शरीर में 330 हड्डियां होती हैं। जैसे-जैसे बच्चा बड़ा होता है, ये हड्डियां एक-दूसरे से जुड़ जाती हैं। तब हड्डियों की संख्या 206 रह जाती है।

दांत की ऊपरी परत

दांत की ऊपरी परत को इनेमल (Enamel) कहते हैं। समस्त शरीर में यह सबसे सख्त पदार्थ होता है।

त्वचा

मनुष्य की त्वचा का औसत क्षेत्रफल 1.8 वर्ग मी होता है, जबकि महिलाओं की त्वचा का औसत क्षेत्रफल 1.6 वर्ग मी. होता है।

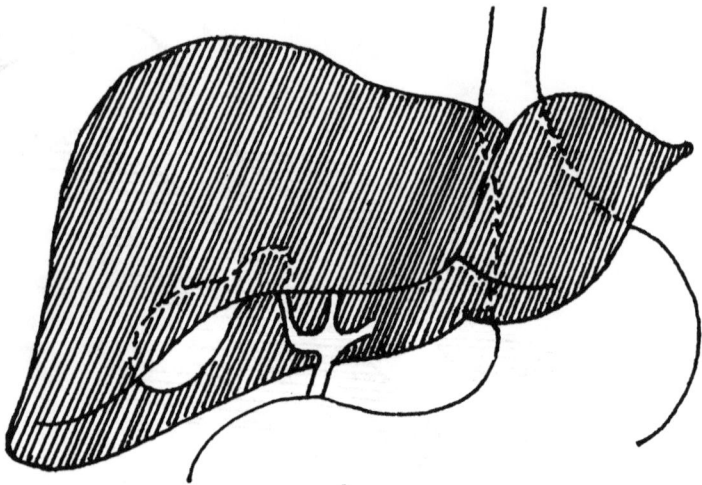

लिवर

सबसे बड़ी ग्रंथि

मानव-शरीर में सबसे बड़ी ग्रंथि जिगर (लिवर) है। इसकी औसत माप 21.5 सेंमी. x 19 सेंमी. x 14 सेंमी. होती है।

गुर्दे

हमारे गुर्दे प्रतिमिनट 120 मिलीलिटर रक्त को छानने का कार्य करते हैं। दिन में हमारा समस्त रक्त गुर्दों द्वारा 30 बार छानकर साफ किया जाता है।

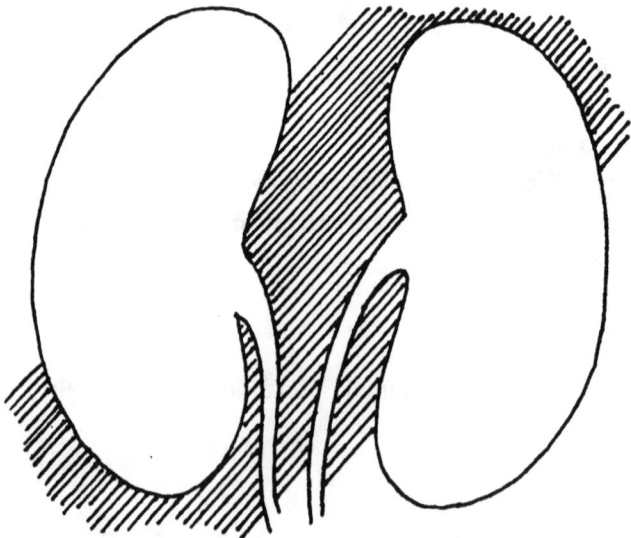

गुर्दे

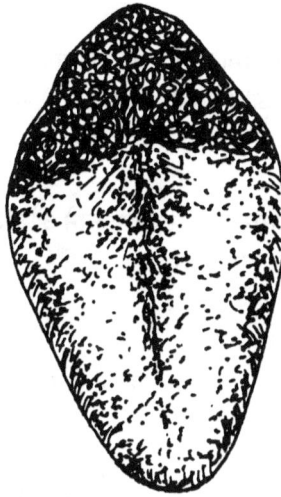

जीभ

जीभ

हमारे शरीर में जीभ ही एक ऐसा अंग हैं, जो केवल एक ओर से शरीर के साथ जुड़ा है।

मासिक धर्म की संख्या

एक औसत महिला की माहवरी 12 वर्ष की उम्र से आरंभ होती है। 50 वर्ष की उम्र में माहवारी बंद हो जाती है। इस संपूर्ण अवधि में मासिक धर्मों की संख्या लगभग 450 होती है।

डिंबों की संख्या

एक बालिका के जन्म के समय ही अपरिपक्व डिंबों की संख्या 20 लाख होती है। इनमें से संपूर्ण जीवन-काल में केवल 2,500 डिंब ही परिपक्व होकर ओवरी (Ovary) से बाहर आते हैं।

शुक्राणुओं की संख्या

एक मानव औसतन 50 करोड़ शुक्राणु प्रतिदिन पैदा करता है। शुक्राणु लिंग से बाहर आते ही जल्दी समाप्त हो जाते हैं या शरीर द्वारा अवशोषित हो जाते हैं।

मस्तिष्क

हमारा मस्तिष्क इतना विशाल भंडार है, जो 10,000 विभिन्न गंधों को अपने अंदर रख सकता है, उनको याद रख सकता है और उनकी पहचान कर सकता है।

शरीर का तापमान

आश्चर्य की बात है कि दिन में हमारे शरीर का तापमान बदलता रहता है। प्रात:काल यह सबसे कम, दोपहर बाद कुछ अधिक और रात्रि में सोते समय फिर कम हो जाता है।

रक्त

हमारे रक्त को धमनियों द्वारा शरीर का परिभ्रमण करने और शिराओं द्वारा हृदय तक लौटने में केवल एक मिनट का समय लगता है।

मांसपेशी का काम करने का तरीका

हमारी मांसपेशियां केवल खिंचाव द्वारा काम करती हैं। ये धकेलकर काम नहीं कर सकतीं।

चेहरा

हमारे चेहरे के दाएं और बाएं हिस्से बिल्कुल एक जैसे नहीं होते। हमारे कानों का स्तर भी एक जैसा नहीं है। हमारी एक आंख दूसरी से अधिक शक्तिशाली होती है। दायां कान बाएं कान की तुलना में कुछ अधिक ऊंचाई पर होता है।

शरीर में तत्त्वों की संख्या

हमारे शरीर में 24 तत्त्व हैं, जिनमें हाइड्रोजन की मात्रा 63% और ऑक्सीजन की 25.5% है।

तेजी से भ्रमण

तेजी से भ्रमण करने में लिखने की तुलना में आठ गुना अधिक कैलोरी खर्च होती है।

तेजी से भ्रमण और लिखना

दांतों की सफाई

नमक से ब्रश करने पर दांत उतने ही साफ हो जाते है, जितने किसी अच्छे टूथपेस्ट से ब्रश करने पर साफ होते हैं।

बालों के विषय में तथ्य

स्त्री और पुरुष-दोनों के शरीर पर सामान्यत: 50 लाख बाल होते हैं। गोरे लोगों के शरीर पर सांवले लोगों से कुछ अधिक बाल होते हैं। शरीर के जिन अंगों पर बिल्कुल बाल नहीं होते, वे हैं-होंठ, हथेली, तलवे, अंगूठे और उंगलियों की साइडें तथा इनके ऊपरी हिस्से।

खर्राटों की आवाज

खर्राटों की आवाज (69 डेसीबेल तक) इतनी तेज हो सकती है, जितनी एक ड्रिल मशीन की (70-90 डेसीबेल) होती है।

बच्चे की लंबाई

किसी दो साल के बच्चे की लंबाई का दुगुना उसकी जवानी में लंबाई के बराबर हो जाता है। दो साल के एक बच्चे की लंबाई यौवन-काल की लंबाई का 49.5% तथा दो साल की लड़की की लंबाई का 52.8% होती है।

सूरज की रोशनी से काला पड़ना

यदि आकाश में बादल छा रहे हों, तो भी आदमी की त्वचा सूर्य के प्रकाश से काली पड़ सकती है, क्योंकि बादलों में से भी कुल पराबैंगनी प्रकाश का 80% आरपार निकल जाता है।

सूरज की रोशनी से काला पड़ना

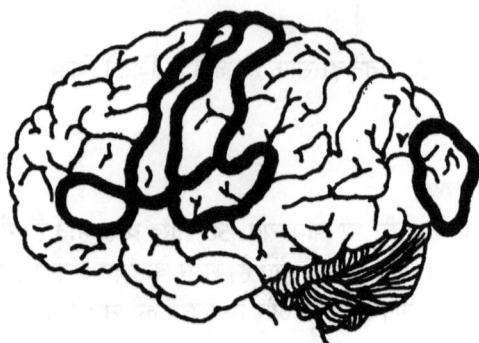

मस्तिष्क

मस्तिष्क का वजन

यद्यपि हमारे मस्तिष्क का वजन शरीर के वजन का केवल 3% होता है, लेकिन हमारा मस्तिष्क सांस में ली जाने वाली ऑक्सीजन का 20% तथा शरीर में परिभ्रमण करने वाले रक्त का 15% भाग प्रयुक्त करता है।

नाखूनों की वृद्धि

लगभग छ: महीने की अवधि में हमारी उंगलियों और अंगूठों के नाखूनों की लंबाई उतनी बढ़ जाती है, जितनी उनकी जड़ से छोर तक लंबाई होती है।

रक्त का आयतन

गर्भावस्था में एक महिला के शरीर में रक्त का आयतन 50% तक बढ़ सकता है अर्थात् यह 6.75 लिटर तक पहुंच सकता है।

हड्डियों की मजबूती

हमारी हड्डियां ग्रेनाइट की भांति मजबूत होती हैं। माचिस की डिब्बी के आकार की हड्डी एक टन वजन को संभाल सकती है।

मांसपेशी और जोड़

एक युवा व्यक्ति के शरीर में लगभग 650 मांसपेशियां; 100 जोड़; 1,00,000 किमी. लंबी रक्तवाहिनियां तथा 1,300 करोड़ तंत्रिका-कोशिकाएं होती हैं।

शरीर का पानी

एक युवा मनुष्य के शरीर में लगभग 45 लिटर पानी होता है। यह मात्रा समस्त शरीर के भार का लगभग 65% है।

शुक्राणुओं की संख्या

मनुष्य के शुक्रकोषों में प्रतिदिन एक करोड़ शुक्राणुओं का निर्माण होता है। छ: महीने में इतने शुक्राणु बन जाते हैं, जो पूरी दुनिया की जनसंख्या के समतुल्य आबादी बढ़ा सकते हैं।

मानव-शरीर में अम्ल

हमारे पेट में भोजन पचाने वाले अम्ल इतने तेज हैं कि वे जस्तों को भी घोल सकते हैं। इनके प्रभाव को सहन करने के लिए पेट की परत की नई कोशिकाएं बड़ी तेजी से बनती रहती हैं। आश्चर्य की बात है कि एक मिनट में 5,00,000 कोशिकाएं नई बनती रहती हैं और तीन दिन की अवधि में तो पूरी परत ही नई बन जाती है। यही कारण है कि अम्लों को इस परत को घोलने का समय ही नहीं मिल पाता।

नब्ज के चलने की दर

औसतन युवा पुरुषों की विश्रामावस्था में नब्ज धड़कने की दर 70-72 प्रति मिनट तथा युवा महिलाओं की दर 78-82 प्रति मिनट होती है। तीव्र व्यायाम के समय नब्ज धड़कनों की दर 200 प्रति मिनट तक पहुंच जाती है।

फेफड़ों की वाहिनियां

हमारे फेफड़ों में 300 अरब वाहिनियां हैं। यदि इन्हें सिरे से सिरा मिलाकर जोड़ दिया जाए, तो इनकी लंबाई 2,400 किमी. (1500 मील) हो जाएगी।

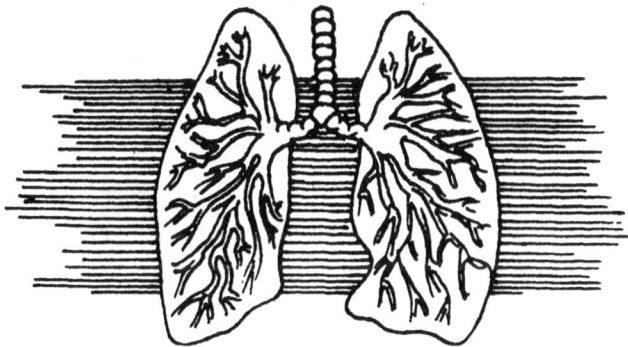

फेफड़े

हृदय की धड़कन

मनुष्य के सामान्य जीवन-काल में उसका हृदय 200 करोड़ बार धड़कता है। इस अवधि में लगभग 50 करोड़ लिटर रक्त पंप करता है।

खुराक

पश्चिमी देशों में एक सामान्य व्यक्ति अपने जीवन-काल में 50 टन भोजन कर लेता है और 50,000 लिटर (11,000 गैलन) पानी इत्यादि तरल पी लेता है।

सबसे बड़ा अंग

हमारे शरीर का सबसे बड़ा अंग हमारी त्वचा है। एक युवा व्यक्ति की त्वचा का क्षेत्रफल लगभग 1.9 वर्ग मी. तथा महिला का 1.6 वर्ग मी. होता है। अपने संपूर्ण जीवन-काल में प्रत्येक व्यक्ति 18 किग्रा. त्वचा का त्याग करता है।

आंतरिक कान

हमारे आंतरिक कान शरीर को संतुलित रखने में मदद करते हैं।

रात्रि में वृद्धि

हमारी लंबाई प्रत्येक रात्रि में सोते समय 8 मिमी. बढ़ जाती है, लेकिन दिन के कार्य-कलापों में फिर पहले के बराबर ही हो जाती है। दिन के समय उठते-बैठते हमारी रीढ़ की हड्डी के कार्टिलेज स्पंज की भांति सिकुड़ जाते हैं, लेकिन सोते समय ये दाब से स्वतंत्र होकर फैल जाते हैं। यही कारण है कि अंतरिक्ष यात्राओं के दौरान अंतरिक्ष यात्रियों की लंबाई 2 इंच यानी 50 मिमी. तक बढ़ जाती है।

मानव के गुर्दे

मानव के प्रत्येक गुर्दे में लगभग दस लाख छन्ने होते हैं। दोनों गुर्दे औसतन 1.2 लिटर प्रति मिनट की दर से रक्त को छानकर साफ करते हैं। रक्त के अवशिष्ट पदार्थ मूत्र द्वारा शरीर से बाहर निकल जाते हैं। हम प्रतिदिन 1.4 लिटर मूत्र का त्याग करते हैं।

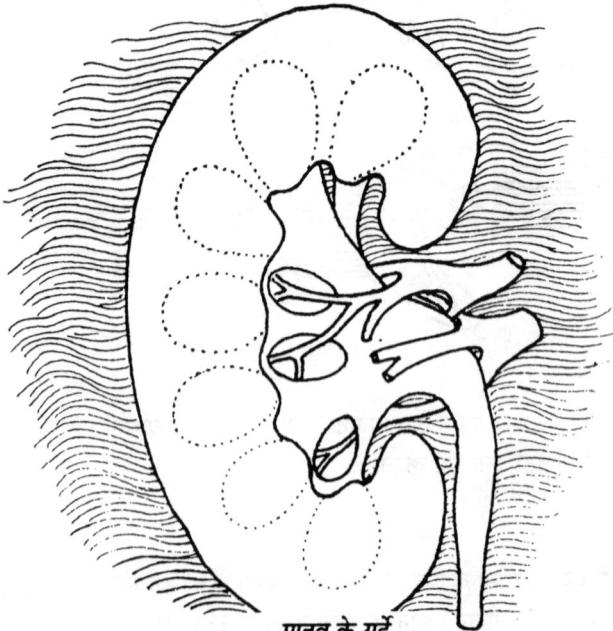

मानव के गुर्दे

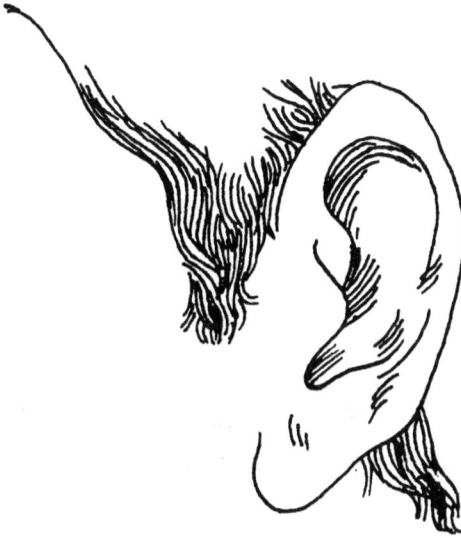

मानव का कान

सबसे छोटी मांसपेशी

सबसे छोटी मांसपेशी हमारे कान में है। इसकी लंबाई 1 मिमी. से थोड़ी ही अधिक है।

मांसपेशियों की गति

आंख की फोकस करनेवाली मांसपेशियां एक दिन में लगभग 1,00,000 बार गति करती हैं। यदि टांग की मांसपेशी को इतनी गति कराई जाए, तो हमें एक दिन में 50 मील यानी 80 किमी. चलना होगा।

अंगूठा

अंगूठा हमारे शरीर का इतना महत्त्वपूर्ण अंग है कि इसे नियंत्रित करने में मस्तिष्क का अधिकांश समय लगता है। इसके नियंत्रण में इतना समय लगता है, जितना छाती और पेट के नियंत्रण में भी नहीं लगता।

विषैली ऑक्सीजन

यदि शुद्ध ऑक्सीजन को वायुमंडलीय दाब से ढाई गुने अधिक दाब पर सांस लेने में प्रयुक्त किया जाए, तो यह शरीर के लिए विष की भांति घातक हो सकती है।

अत्यधिक शक्ति वाला हार्मोन

तनाव की स्थिति में शरीर में प्राकृतिक रूप से पैदा होने वाला एड्रेनलिन हार्मोन इतना शक्तिशाली होता है कि वह व्यक्ति की शक्ति को उसकी सामान्य सीमा से कहीं अधिक बढ़ा सकता है।

स्वाद ही स्वाद

मानव की जीभ चार स्वादों में अंतर स्थापित करने की क्षमता रखती है। जीभ की सतह पर हजारों स्वाद कलिकाएं हैं, जो चार समूहों में बंटी हुई होती हैं। अग्र भाग की कलिकाएं मीठे स्वाद के प्रति, पिछले भाग की कड़वे स्वाद के प्रति तथा दोनों ओर किनारों की कलिकाएं नमकीन और खट्टे स्वाद के प्रति संवेदनशील होती हैं। सभी जटिल स्वाद इन चार स्वादों के सम्मिश्रण से ही बनते हैं।

रेटिना

हमारी आंखों के अंदर स्थित रेटिना का कुल क्षेत्रफल 650 वर्ग मिमी. है, लेकिन इतने छोटे सेल में 13.7 करोड़ प्रकाश संवेदी कोशिकाएं हैं। इनके अतिरिक्त काले और सफेद रंग की पहचान करने वाली 13 करोड़ छड़ कोशिकाएं तथा दूसरे रंगों की भेद करने वाली 70 लाख शंकु कोशिकाएं हैं। आश्चर्य की बात है कि इतने छोटे क्षेत्र में इतनी कोशिकाएं व्यवस्थित हैं।

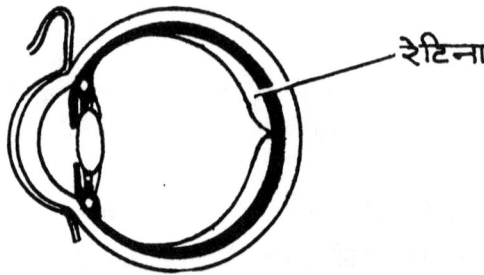

रेटिना

विशाल शक्ति

एक दिन में आधा लिटर दूध पीने से हमें सारे दिन के लिए जरूरी ऊर्जा का छठा भाग प्राप्त हो जाता है।

रेडियोधर्मी लोग

हमारा शरीर प्राकृतिक रूप से रेडियोधर्मी है। इसका कारण यह है कि हमारे शरीर में रेडियोधर्मी पोटैशियम -40 और कार्बन -14 की अल्प मात्रा में होते हैं। ये पदार्थ जीवित प्राणियों द्वारा वायुमंडल से अवशोषित किए जाते हैं।

आधा-आधा

मानव की जीवित कोशिकाओं में 46 क्रोमोसोम होते हैं, जिनमें से 23 मादा से और 23 नर से प्राप्त होते हैं। गर्भाधान के समय इनका संयोजन हो जाता है और कोशिकाओं में 46 क्रोमोसोम बन जाते हैं, जिनमें आधे मां से और आधे पिता से प्राप्त होते हैं।

तंत्रिका स्पंद

तंत्रिका स्पंद की गति कार की तेज गति के बराबर होती है।

तंत्रिका स्पंद

मस्तिष्क से जाने वाली और आने वाली स्पंदें वेग से चलने वाली एक कार की गति से चलती हैं। सबसे तीव्र स्पंद का वेग 290 किमी. प्रति घंटा रिकॉर्ड किया गया है।

मस्तिष्क

मस्तिष्क को काटने पर भी इसे दर्द की अनुभूति नहीं होती।

सबसे लंबे और सबसे भारी

कुछ रिकॉर्ड

सबसे लंबी महिला	:	2.46 मी.
सबसे लंबा पुरुष	:	2.72 मी.
सबसे भारी पुरुष	:	635 किग्रा.
सबसे भारी महिला	:	400 किग्रा.
सबसे लंबी हड्डी	:	जांघ की हड्डी या फीमर बोन
सबसे छोटी हड्डी	:	कान की स्टिरप
सबसे बड़ी मांसपेशी	:	ग्लुटस
सबसे छोटी मांसपेशी	:	स्टेपीडस
सबसे बड़ा अंग	:	मस्तिष्क

4

जंतुओं की विचित्र दुनिया

मगरमच्छ

मगरमच्छ के आंसू

मगरमच्छ जब भोजन करता है, तभी वह आंसू बहाता है।

अंडे देने वाले स्तनपायी जीव

सभी स्तनपायी जीव बच्चों को जन्म देते हैं, लेकिन स्पाइनी ऐन्ट ईटर (Spiny ant eater) और प्लेटीपस (Platypus) ऐसे स्तनपायी जीव हैं, जो अंडे देते हैं।

स्लॉथ

उल्टा लटकने वाला प्राणी

स्लॉथ एक ऐसा विचित्र जंतु है, जो अपना समस्त जीवन पेड़ की शाखाओं से उल्टा लटक कर बिताता है।

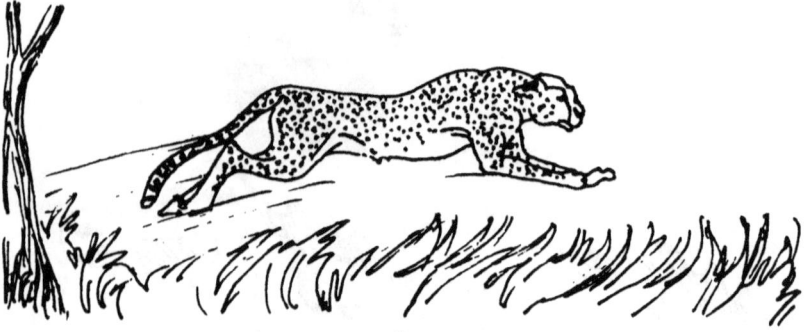

चीता

चीते का वेग

चीता दौड़ लगाने में सभी जानवरों का सरताज है। छोटी दूरियों को यह 96 किमी. प्रति घंटा के वेग से तय कर सकता है।

विचित्र आंखें

विशाल स्क्विड (Giant Squid) की आंखें बड़ी विचित्र होती हैं। इनकी एक सिरे से दूसरे सिरे तक की लंबाई 40 सेंमी. होती है। ये जीव अंधेरे स्थानों में रहते हैं। इनकी आंखें बड़ी होती हैं, ताकि इन्हें स्पष्ट दिखाई दे सके।

विचित्र आंखों वाला समुद्री घोड़ा

समुद्री घोड़े की आंखें इतनी विचित्र होती हैं कि यह एक ही समय में दो दिशाओं में अपनी दृष्टि केंद्रित कर सकता है।

विशालकाय मछली

व्हेल शार्क विश्व की विशालतम मछली है। इसकी लंबाई 18 मी. तक होती है।

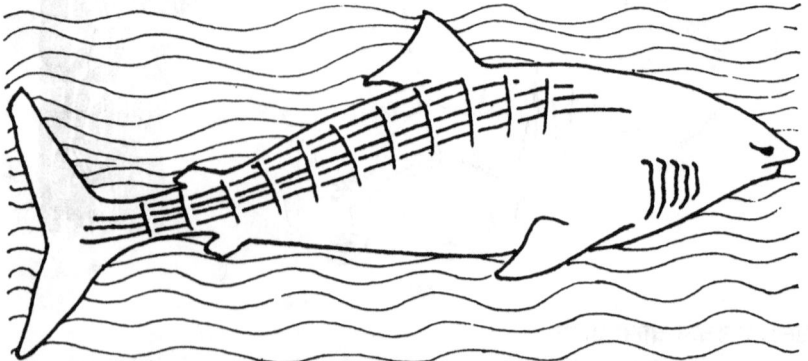

व्हेल शार्क

प्रदूषण

जीव-जगत पर प्रदूषण के इतने घातक प्रभाव हो रहे हैं कि सन् 2000 तक यह उम्मीद है कि इनके विलुप्त होने की दर प्रतिमिनट एक जंतु हो जाएगी।

रेकून

रेकून एक ऐसा विचित्र जंतु है, जो अपना भोजन करने से पहले उसे पानी से धोता है।

रोशनी पैदा करने वाली मछली

लगभग 600 समुद्री जीव ऐसे हैं, जो अपने शरीर से प्रकाश पैदा करते हैं। एंगलर मछली और लालटेन मछली ऐसी ही दो जीव हैं।

पॉरपॉइज

पॉरपॉइज एक बहुत ही चतुर समुद्री प्राणी है। यह मनुष्य के अनेक कार्य-कलापों की नकल कर सकती है। यह मनुष्य की भी आवाज की नकल कर सकती है। यहां तक कि यह आदमी की भांति हँस भी सकती है।

कस्तूरी

कस्तूरी हिरण की नाभि से महकदार कस्तूरी प्राप्त की जाती है।

कस्तूरी

तीन हृदय

अधिकांश प्राणियों के शरीर में केवल एक हृदय होता है, लेकिन कटल फिश (Cuttle fish) एक ऐसी विचित्र मछली है, जिसके शरीर में तीन हृदय होते हैं।

गाय

एक पेट तो हर प्राणी के शरीर में होता है, लेकिन गाय के शरीर में चार पेट होते हैं।

लेमिंग

चूहे से मिलते-जुलते लेमिंग बड़े ही विचित्र प्राणी हैं। किसी क्षेत्र में जब इनकी संख्या बहुत बढ़ जाती है, तो ये लंबी यात्राएं करते हैं और अत्यधिक संख्या में समुद्र में कूदकर आत्महत्या कर लेते हैं।

विचित्र चूहा

कंगारू चूहा एक ऐसा विचित्र जंतु है, जो जीवन-भर पानी नहीं पीता। यह रेगिस्तानी पौधों की जड़ों को खाकर पानी की अपनी आवश्यकता की पूर्ति करता है।

कंगारू

ऑस्ट्रेलिया महाद्वीप में पाया जाने वाला कंगारू 10 फुट की ऊंचाई तक कूद सकता है। यह ऊंची कूद विश्व रिकॉर्ड से भी लगभग डेढ़ गुना है।

कंगारू

घोड़ा

संसार में अभी कुल घोड़ों की संख्या लगभग 7,50,00,000 है।

किली फिश

किली फिश एक ऐसी विचित्र मछली है, जिसका जीवन-काल केवल आठ महीने का होता है।

लेडी बर्ड

लेडी बर्ड एक पक्षी नहीं, बल्कि एक बीटल (Beetle) है।

दर्जी चिड़िया

यह एक ऐसी विचित्र प्राणी है, जो अपना घोंसला सिलाई करके (सीकर) बनाती है।

विचित्र मेढक

ऑस्ट्रेलिया का गेस्ट्रिक मेढक ऐसा विचित्र प्राणी है, जो बच्चे पैदा करता है और वह भी मुंह के रास्ते से।

स्नेल्स

स्नेल्स की जीभ के पास 135 पंक्तियों में 14,175 दांत होते हैं।

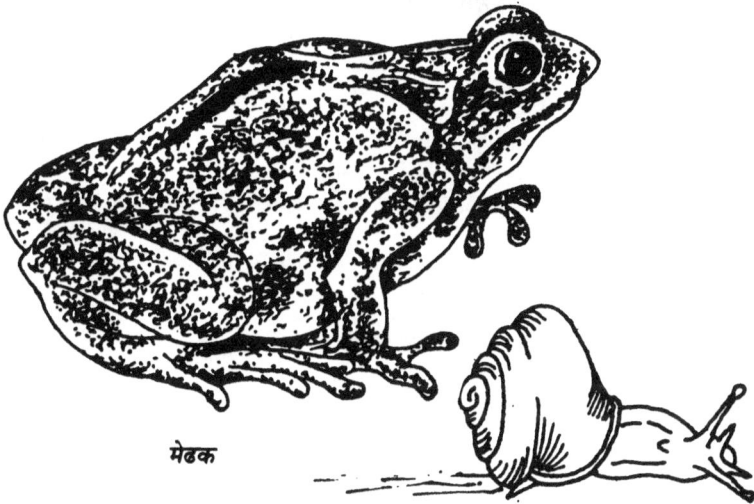

मेढक

स्नेल

मुर्गा

ऑनगडोरी (Onagadori) नामक मुर्गे की लंबाई केवल 45 सेंमी. होती है, परंतु इसकी पूंछ की लंबाई 14 मी. तक होती है।

सफेद बाघ

चिड़ियाघरों में दिखने वाले सभी सफेद बाघ भारत के मध्य प्रदेश राज्य के रीवा के जंगलों से आते हैं।

तितली

तितली

एक तितली की 12,000 आंखें होती हैं।

बोटफ्लाई

बोटफ्लाई एक ऐसी विचित्र मक्खी है, जो 818 मील प्रति घंटा के वेग से उड़ सकती है। यह वेग एक जेट वायुयान के वेग से भी अधिक है।

डॉलफिन

सोते समय डॉलफिन की एक आंख खुली रहती है।

गोल्ड फिश

यदि गोल्ड फिश को लंबी अवधि तक एक अंधेरे कमरे में रख दिया जाए, तो उसका रंग सफेद हो जाता है।

केंचुआ

केंचुआ अपने वजन से दस गुना अधिक वजन खींच सकता है।

मस्तिष्कों की संख्या

रेशम के कीड़े में ग्यारह मस्तिष्क होते हैं।

गौफर

गौफर एक ऐसा विचित्र जीव है, जो जितनी तेजी से आगे की दिशा में दौड़ता है, उतनी ही तेजी से पीछे की दिशा में भी दौड़ सकता है।

कोलोरोडो बीटल

कोलोरोडो बीटल के एक जोड़े से एक वर्ष में उनके 6 करोड़ बच्चे पैदा हो सकते हैं।

दूध

हिमालयी याक के दूध का रंग गुलाबी होता है।

मधुमक्खी

मधुमक्खियों को एक किग्रा. शहद एकत्रित करने के लिए 40 लाख फूलों का रस चूसना पड़ता है।

त्वचा का रंग

इलेक्ट्रिक ईल एक ऐसी विचित्र मछली है, जिसकी त्वचा का रंग जाड़ों में सफेद हो जाता है।

व्हेल

एक व्हेल प्रतिदिन 3 टन भोजन करती है, किंतु आश्चर्य की बात तो यह है कि यह प्राणी बिना कुछ खाए भी छ: महीने तक जीवित रह सकती है।

स्नेल्स

यह विचित्र जंतु 3 से 4 साल तक लगातार सो सकता है।

कीट

कुछ कीट अपने सिर कटने पर भी लगभग एक वर्ष तक जिंदा रह सकते हैं।

बिल्ली

थाईलैंड में पैदा होने वाली सभी बिल्लियों का रंग सफेद होता है।

घोड़ा

घोड़ा एक ऐसा अद्भुत प्राणी है, जो खड़े-खड़े भी सो सकता है।

घोड़ा खड़े-खड़े सो सकता है।

पारदर्शक शरीर

भारतीय ग्लास पर्च का शरीर बिल्कुल पारदर्शक होता है।

सेह

सेह अपने कांटों द्वारा शेर को भी मार सकने में सक्षम होती है।

लाल पसीना

गैंडे को जब गुस्सा आता है और वह उत्तेजना की अवस्था में होता है, तो उसके पसीने का रंग लाल हो जाता है।

कौवा

सभी पक्षियों में कौवा सबसे चालाक पक्षी है।

कुत्ता

कुत्ते का पूर्वज भेड़िया है।

कुत्ता   भेड़िया

मरमोट

मरमोट (Marmot) इतनी जोर से बोलता है कि इसकी आवाज 3 किमी. दूर तक सुनी जा सकती है।

घोड़े के दांत

एक नर घोड़े के जबड़े में 40 दांत होते हैं।

खच्चर

खच्चर का जन्म नर गधा और मादा घोड़ी की संभोग क्रिया के फलस्वरूप होता है।

क्वेलिया

क्वेलिया

अफ्रीका में लाल चोंच वाली क्वेलिया पक्षी की संख्या लगभग 1,000 करोड़ है। यह धरती पर सबसे अधिक संख्या में पाया जाने वाला पक्षी है।

जिराफ

जिराफ की जीभ इतनी लंबी होती है कि यह इसके द्वारा अपने कान भी साफ कर सकता है।

जानवर और पौधे

धरती पर 12,00,000 जंतु; 3,00,000 पौधे तथा 1,00,000 अन्य जीवधारियों की प्रजातियां हैं।

घरेलू मक्खी की आंखें

घरेलू मक्खी की विचित्र बड़ी-बड़ी आंखों में लगभग 4,000 छोटे-छोटे लेन्स होते हैं।

कछुआ

कछुआ की मंद गति दुनियाभर में प्रसिद्ध है, लेकिन एक कछुए ने 5,900 किमी. की दूरी तैरकर दक्षिणी अमरीका से अफ्रीका तक की यात्रा तय की।

ब्लू व्हेल

ब्लू व्हेल की लंबाई फिएट कार से लगभग दस गुना अधिक अर्थात् 33.6 मी. तक तथा वजन 190 टन तक होता है।

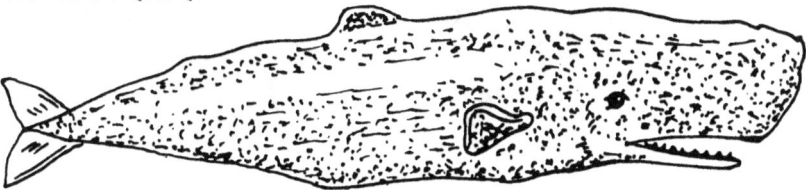

ब्लू व्हेल

वुल्फ मकड़े की आंखें   मधुमक्खी की आंखें

विचित्र मकड़ा

वुल्फ मकड़े की आठ आंखें होती हैं ,जबकि मधुमक्खी की पांच आंखें होती हैं?

गाय

कनाडा के ऑन्टेरियो नगर में एक गाय को 13 लाख डॉलर में बेचा गया था।

कंगारू

एक जवान कंगारू की ऊंचाई 2 मी. और वजन लगभग 50 किग्रा. होता है, लेकिन आश्चर्य की बात यह है कि जन्म के समय कंगारू के बच्चे की लंबाई केवल 2.5 मिमी. होती है और वजन केवल एक ग्राम होता है। यह एक चींटे से भी छोटा होता है।

फीता कृमि

मनुष्य की आंतों में पाए जाने वाले फीता कृमि (पेट के कीड़े) की लंबाई 60 फुट तक हो सकती है।

ब्रान्किसॉरस

ब्रान्किसॉरस एक प्रकार का डायनासौर था, जिसका वजन 1,00,000 पौंड था और इसकी लंबाई 80 फुट तथा ऊंचाई 40 फुट थी। देखने में यह एक तीनमंजिले मकान की भांति लगता था।

डायनोसौर

टाइरैनोसौरस सबसे भयंकर डायनोसौर था। उसके दांत बहुत लंबे और तीखे थे, जिनके द्वारा वह दूसरे डायनोसौरों पर हमला करता था और उन्हें चीरकर खा जाता था।

डायनोसौर

वुल्फ मकड़ी

मादा वुल्फ मकड़ी अपने बच्चों को पीठ पर लादकर चलती है। यदि उनमें से कोई बच्चा रास्ते में गिर जाता है, तो यह रुकती नहीं, बल्कि चलती ही रहती है।

मोती

सबको सुंदर लगने वाले मोतियों का निर्माण एक समुद्री जीव ओयस्टर (Oyster) के शरीर के अंदर होता है।

शहद की मक्खी

एक औन्स (28 ग्रा.) के लगभग शहद एकत्रित करने के लिए शहद की मक्खी को लगभग 130 किमी. उड़ना पड़ता है।

शहद की मक्खी

उड़ने वाली मछली

उड़ने वाली मछली लगभग आधा मिनट तक ग्लाइडर की भांति उड़ सकती है। अपनी उड़ान की अवधि में यह कभी-कभी समुद्री जहाजों के डेक (Deck) तक पहुंच जाती है।

छिपकली की पूंछ

छिपकली की यह विशेषता है कि यदि इसकी पूंछ दब जाए, तो यह अपनी पूंछ छोड़कर भाग जाती है। कुछ समय बाद इसकी पूंछ फिर उग आती है।

चीखने वाला बंदर

चीखने वाला बंदर विचित्र प्रकार की आवाज में बोलता है। यह आवाज इतनी तेज होती है कि 4 मील की दूरी तक सुनी जा सकती है।

श्रवण-शक्ति

सभी प्राणी कानों से सुनते हैं, लेकिन क्रिकेट्स (Crickets) नामक जीव घुटनों से सुनते हैं और सिकाडा (Cicadas) नामक जीव पेट से सुनते हैं।

रंगांधता

मनुष्य, बंदर और चिंपांजी को छोड़कर सभी प्राणी विभिन्न रंगों को नहीं देख पाते अर्थात् वे रंगांध (Colour blind) होते हैं।

चींटी

चींटी अपने वजन से लगभग 300 गुना वजन खींच सकती है।

चींटी

ऑस्ट्रेलिया का डिंगो

सभी कुत्ते भौंकने में सक्षम होते हैं, लेकिन ऑस्ट्रेलिया का डिंगो नामक कुत्ता भौंक नहीं सकता।

घोड़े का गुस्सा

घोड़े को जब गुस्सा आता है, तब वह अपने कान को पीछे की ओर झुका लेता है।

भेड़ियों का हमला

सन् 1592 में इतनी ठंड पड़ी थी कि भूखे भेड़िये ऑस्ट्रिया के विएना (Vienna) नगर में घुस गए थे और मनुष्यों तथा जानवरों पर हमला कर दिया था।

तीन नाम

नर सील को बुल्स के नाम से, मादा को काउ के नाम से तथा इनके बच्चों को पप (Pup) के नाम से पुकारा जग्ता है।

सील

रेजर ब्लेड की भांति तेज दांत

अमेजन नदी में पिरांकस नामक मछली के जबड़े बहुत मजबूत होते हैं। इसके एक फुट लंबे दांत रेजर ब्लेड की भांति इतने तेज होते हैं कि 45 किग्रा. वजन के केपीबारा नामक जंतु को एक मिनट से भी कम समय में काटकर कंकाल में बदल देते हैं।

कछुआ

कछुए को मृत्युदंड

एक कत्ल के अभियोग में जुलाई, 1981 में एक कछुए को मृत्युदंड की सजा दी गई थी। क्यासिन (Kyuasine) के एक पूर्वी गांव में वहां के आदिवासियों ने छ: लोगों की मृत्यु के संदेह में एक कछुए को दोषी ठहराया। उनका विश्वास था कि किसी जादू द्वारा कछुए ने ही इन लोगों को मारा है। बाद में उसे मृत्युदंड न देकर जंजीर द्वारा एक पेड़ से बांधा गया। अंत में सरकार ने इन मृत्युओं की सरकारी जांच का वादा किया और इस कछुए को स्वतंत्र कर दिया।

पाइथन

पाइथन इतना विशालकाय अजगर होता है कि 90 किग्रा. वजन के भालू को भी निगल सकता है।

अपने पंखों को खाने वाली चींटी

बगीचों में पाई जाने वाली काली रानी चींटी कुछ हद तक अपने पंखों की मांसपेशियों को खाकर जीवन-यापन करती है।

मे फ्लाई

मे फ्लाई का जीवन-काल केवल एक दिन होता है।

नर मां

जंतु-जगत में समुद्री घोड़ा (Sea Horse) एक ऐसी प्रजाति है, जिसमें नर बच्चों को जन्म देता है। वास्तव में नर के पेट पर एक थैली होती है, जिसमें मादा अंडे देती है। जब इन अंडों से बच्चे निकलते हैं, तो ऐसा लगता है, जैसे नर बच्चों को जन्म दे रहा है।

चार आंखों वाली मछली
ऊष्णकटिबंधीय अमेरिकी मछली की चार आंखें होती हैं।

पिगमी गोबी
गोबी मछली सबसे छोटी मछली है। यह केवल 8 मिमी. लंबी होती है।

बिना रुके उड़ान
तितली की अनेक किस्में 1,000 किमी. दूर तक बिना रुके अपने पंखों की मदद से उड़
सकती हैं। कुछ तितलियां तो अटलांटिक महासागर के आर-पार उड़ सकती हैं।

जिराफ की गर्दन
जिराफ की गर्दन बहुत लंबी होती है, लेकिन आश्चर्य की बात यह है कि इसकी गर्दन में
हमारी गर्दन की तरह केवल सात हड्डियां होती हैं।

लंबी नींद
उत्तरी अमेरिका में पाया जाने वाला वुड चक (Wood chuck) एक साल में 8 महीने
सोता है।

सबसे भारी मस्तिष्क
स्पर्म व्हेल का मस्तिष्क किसी भी जंतु के मस्तिष्क की तुलना में सबसे भारी होता है। इसके
दिमाग का वजन 9 किग्रा. होता है. जो हमारे मस्तिष्क की तुलना में छह गुना अधिक है।

सूंघने की शक्ति
यद्यपि कुत्तों की दृष्टि कमजोर होती है, किंतु इनकी सूंघने की शक्ति बहुत अधिक होती है।

त्वचा में दृष्टि

सभी जंतु देखने का काम आंखों से करते हैं, लेकिन कुछ कीड़े अपनी त्वचा से भी देख सकते हैं। मोथ और तितलियों पर उनकी आंखें बंद करके कुछ प्रयोग किए गए और देखा गया कि इस स्थिति में भी वे प्रकाश के प्रति संवेदनशील रहते हैं।

दो प्रकार का दूध

लाल कंगारू एक ही समय में अपने दो स्तनों से दो प्रकार का दूध दे सकती है।

कछुए द्वारा मृत्यु

यूनान के प्रसिद्ध नाटककार ऐस्वाइलस के गंजे सिर पर उड़ती हुई चील के मुंह से एक कछुआ गिरने से उनकी मृत्यु हो गई थी।

उल्कापिंड

उल्कापिंड से मरने वाला एकमात्र जीवित प्राणी एक कुत्ता है।

कीड़े

हर साल कीड़ों की लगभग एक हजार नई प्रजातियों की खोज हो जाती है।

चींटियां

धरती पर चींटियों की संख्या लगभग 1,000 अरब है। यह संख्या मनुष्य की संख्या से लगभग 200 गुना अधिक है।

कीड़ों का रक्त.

कीड़ों के रक्त का कोई रंग नहीं होता। यदि किसी कीड़े के रक्त का रंग लाल है, तो यह उस जंतु का रंग है, जिसे वह कीड़ा खाता है।

बाघ

शेर और बाघ-दोनों ही बिल्ली परिवार के सदस्य हैं।

हाथी द्वारा पराग-निषेचन

रफ्लेसिया का फूल सबसे बड़ा होता है। इसमें पराग-निषेचन की क्रिया हाथी द्वारा होती है।

गिलहरी

पेड़ों से जमीन पर कूदते समय गिलहरियां अपनी पूंछ को पैराशूट की भांति इस्तेमाल करती हैं।

हिरण

अपने समूह के दूसरे साथियों को संदेश देने के लिए हिरण अपनी पूंछ का प्रयोग करते हैं।

रानी दीमक

एक रानी दीमक एक दिन में 30,000 से भी अधिक अंडे दे सकती है। यही कारण है कि दीमकें बड़ी तेजी से फैलती हैं।

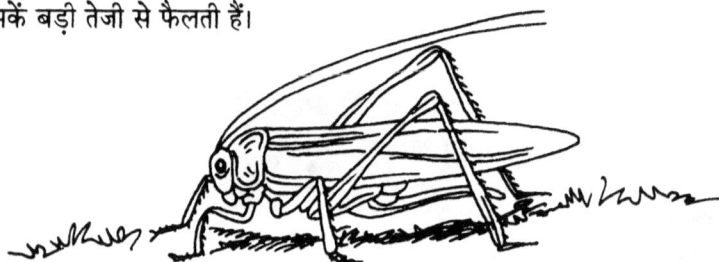

ग्रासहॉपर

ग्रासहॉपर अपने संवेदी तंतुओं को अपनी पिछली टांगों से रगड़कर संगीतमय ध्वनि पैदा करते हैं।

कंगारू

कंगारू अपनी पूंछ को पांचवें हाथ-पैर के रूप में इस्तेमाल करता है।

जोंक

किसी जानवर का 20 मिनट तक रक्त चूसने के बाद जोंक का शरीर अपने वास्तविक आकार से पांच गुना बढ़ जाता है। इसके बाद एक वर्ष तक इसे भोजन की आवश्यकता नहीं होती है।

कुत्तों ने सिनेमा देखा

'द डॉग दैट सेव्ड हॉलीवुड' नामक फिल्म 100 कुत्तों को दिखाई गई थी।

ऊंट

रेगिस्तानी आंधी में ऊंट अपनी नाक बंद कर लेते हैं।

बिल्ली

बिल्ली की नींद

24 घंटे की अवधि में मनुष्य तो लगभग 8 घंटे सोता है, लेकिन आश्चर्य की बात है कि इसी अवधि में बिल्ली 16 घंटे सोती है।

छूने में खतरा

इलेक्ट्रिक ईल नामक मछली इतनी विद्युत पैदा कर सकती है कि 10 बल्ब जल सकते हैं। इसकी सतह की वोल्टेज 500 वोल्ट (D.C.) तक होती है। यदि इसकी त्वचा से किसी तैराक का स्पर्श हो जाए, तो वह बिजली के झटके से तुरत मर जाएगा।

बिच्छू का आकार

भारत में पाए जाने वाले एक बिच्छू का आकार डंक से दूसरे सिरे तक 25 सेंमी. होता है। यदि यह आदमी को डंक मार दे, तो 4 घंटे के अंतराल में उस (आदमी) की मृत्यु हो जाती है।

विशालकाय बच्चा

ब्लू व्हेल के बच्चे का जन्म के समय का वजन 3,000 किग्रा. अर्थात् 3 टन होता है। दो वर्ष के अंदर यह वजन बढ़कर 26,000 किग्रा. हो जाता है। धरती का कोई भी जीव इस दर से नहीं बढ़ता है।

व्यस्त शहद की मक्खी

आधा किग्रा. शहद एकत्रित करने के लिए शहद की मक्खी को 75,000 किमी. दूरी की यात्रा तय करनी पड़ती है।

मांसपेशियों का कीर्तिमान

हमारे शरीर में 650 मांसपेशियां हैं, लेकिन आश्चर्य की बात यह है कि छोटे-से कीड़े कैटरीपिलर के शरीर में 2,700 मांसपेशियां होती हैं। यह संख्या हमारी मांसपेशियों की संख्या से चार गुनी अधिक है।

विचित्र केकड़े

हरमिट केकड़े का एक नजदीक संबंधी अपना भोजन पानी से नहीं, बल्कि पेड़ों से प्राप्त करता है। रॉबर केकड़ा नामक यह जंतु हिंद महासागर और दक्षिण-पश्चिमी प्रशांत महासागर के द्वीप समूहों में मिलता है।

डाइमेट्रोडॉन

डाइमेट्रोडॉन (Dimetrodon) एक स्तनपायी जीव था, जिसकी पीठ पर पाल (Sail) लगा था। यह पाल एक विकिरक (Radiator) की भांति इसके शरीर को ठंडा रखने में मदद करता था।

दीमक खाने वाला चिंपांजी

चिंपांजी जंतु-जगत का सबसे चतुर प्राणी है। यह दीमक खाने का बहुत शौकीन है। दीमक वाले स्थान तक यह मिट्टी में पेड़ की टहनी प्रवेश कराता है। इस टहनी से जो दीमक चिपक जाती है, उसे यह चुन-चुनकर चट करता जाता है।

जंतुओं के रिकॉर्ड

सबसे बड़ा मेढक	:	गोलिअथ मेढक
सबसे बड़ा जानवर	:	ब्लू व्हेल
सबसे बड़ी मछली	:	व्हेल शार्क
सबसे बड़ा सांप	:	एनाकोन्डा
सबसे तेज दौड़ने वाला जानवर	:	चीता
सबसे मंद गति से चलने वाला जीव	:	स्नेल
सबसे छोटा जंतु	:	पिग्मी श्रू
सबसे लंबा स्तनपायी	:	जिराफ
सबसे बड़ा मार्सूपियल	:	कंगारू
सबसे लंबी उम्र वाला जंतु	:	कछुआ
सबसे भारी (जमीन का) स्तनपायी	:	अफ्रीकी हाथी

■■

5

विचित्र पक्षी

मजबूत अंडे
अंडे वैसे तो आसानी से टूट जाते हैं, लेकिन असल में ये काफी सख्त होते हैं। एक मुर्गी के अंडे को उसके दोनों सिरों से दबाकर तोड़ने का प्रयास करें। इसे तोड़ना लगभग असंभव होगा।

हल्का पक्षी
हमिंग बर्ड इतना छोटा होता है कि इसका वजन एक स्फिंक्स मोथ (Sphinx Moth) से भी कम होता है।

म्यूट स्वान
म्यूट स्वान उड़ने वाला सबसे भारी पक्षी है। इसका वजन 18 किग्रा. से भी अधिक होता है।

अद्भुत चिड़िया
सूटी टर्न (Sooty Tern) एक ऐसी अद्भुत चिड़िया है, जो तीन-चार साल तक लगातार उड़ सकती है।

खतरनाक पक्षी
कैसोवरी इतना घातक पक्षी है कि यह छुरे जैसे अपने पंजों से मनुष्य और जानवरों की भी चीर-फाड़ कर सकता है।

सबसे अधिक बातूनी
अफ्रीका का मादा ग्रे-तोता सबसे अधिक बातूनी पक्षी है। यह ब्रिटेन के सुसेक्स नामक स्थान में रहने वाली महिला लायन लोग (Lyn Logue) के पास है।

पंख
हंस के शरीर पर 25,000 से भी अधिक पंख होते हैं।

हंस

पेंगुइन

पेंगुइन

अंटार्कटिका में मिलने वाला पेंगुइन पक्षी सागर में 266 मी. की गहराई तक जा सकता है और इतनी गहराई में 18 मिनट तक रह सकता है।

शुतुरमुर्ग की दौड़

फ्रांस में पेरिस के पास मोंटरूज में शुतुरमुर्ग दौड़ों का आयोजन किया जाता है। शुतुरमुर्ग का चालक मनुष्य होता है, जो उस पर बैठकर इस पक्षी को दौड़ाता है। पक्षी की चाल 40 मील प्रति घंटा तक पहुंच जाती है।

दर्जी चिड़िया

दर्जी चिड़िया अपना घोंसला पत्तियों को पौधों के रेशों को धागे की तरह प्रयोग करके अपनी चोंच द्वारा सीकर बनाती है।

नकलची चिड़िया

मैना चिड़िया लगभग 40 अन्य पक्षियों की बोलियों की नक्ल कर सकती है।

नियमित मेहमान

हर वर्ष सर्दियों में साइबेरिया के सारस अपनी यात्राएं करते हुए भारत में आते हैं।

कठफोड़वा

कठफोड़वा पक्षी चींटियों को खाने के लिए अपनी जीभ, जो लंबी और चिपचिपी होती है, का प्रयोग करता है।

किवी

ऑस्ट्रेलियन किवी एक अद्‌भुत पक्षी है, जिसके पंख नहीं होते। यह दो फुट तक भी छलांग नहीं लगा सकता।

किवी

शुतुरमुर्ग का अंडा

शुतुरमुर्ग के अंडे का आकार लगभग एक तरबूज जितना होता है। इसकी लंबाई 20 सेंमी., व्यास 150 सेंमी. और भार 1.78 किग्रा. होता है। इससे आठ व्यक्तियों के लिए आमलेट बनाया जा सकता है।

आर्कटिक टर्न

आर्कटिक टर्न एक ऐसा पक्षी है, जो उत्तरी ध्रुव से दक्षिणी ध्रुव तक होते हुए पृथ्वी की परिक्रमा करता है। इस दौरान यह 25,000 मील की लंबी दूरी तय करता है।

टर्की

टर्की पक्षी का नाम बड़े अजीब ढंग से पड़ा। इसकी उत्पत्ति उत्तरी अमेरिका में हुई। वहां से इसे सन् 1500 में यूरोप ले जाया गया। सन् 1541 में इंग्लैंड में पक्षियों का नामकरण हुआ, तब लोगों ने सोचा कि यह पक्षी तुर्की से लाया गया है। इसका नाम तुर्की पड़ गया, जो बाद में टर्की हो गया।

टर्की

चमगादड़

चमगादड़

चमगादड़ उस आवाज को भी सुन सकता है, जिसे मनुष्य नहीं सुन सकते। वह 1,000 से 1,20,000 हर्ट्ज तक की आवाज सुन सकता है और 10,000 से 1,20,000 हर्ट्ज की आवाज पैदा भी कर सकता है।

वैंपायर चमगादड़

वैंपायर चमगादड़ ऐसा विचित्र स्तनधारी है, जो जानवरों का खून चूसता है। यहां तक कि यह मनुष्य का भी खून चूस लेता है।

बतखें

बतखें सिर्फ सुबह के समय ही अंडे देती हैं।

उल्लू की दृष्टि

एक उल्लू की दृष्टि मनुष्य की दृष्टि से पांच गुना तीव्र होती है, क्योंकि उल्लू की आंख में छड़ों और शंकुओं की संख्या 10,000 प्रति वर्ग मिमी. होती है, जबकि मनुष्य की आंख में इन (शंकुओं) की संख्या सिर्फ 2,000 प्रति वर्ग मिमी होती है।

विचित्र घोंसला

शायद दुनिया का सबसे विचित्र घोंसला स्विट्जरलैंड की एक गौरैया ने बनाया था, जिसमें केवल घड़ी के स्प्रिंगों का प्रयोग किया गया था।

स्विफ्ट

यूरोपियन स्विफ्ट एक ऐसा पक्षी है, जो कभी पृथ्वी को नहीं छूता। यह उड़ान भरते हुए ही खाता, पीता, सोता और यहां तक कि संभोग भी करता है।

कैनेरी

सिर्फ नर कैनेरी ही गाना गा सकता है।

सबसे तेज उड़ने वाला पक्षी

दुनिया में सबसे ज्यादा तेज उड़ने वाला पक्षी है पैरेग्रिन फैल्कॉन। यह अपने शिकार को 350 किमी. प्रतिघंटे की रफ्तार से झपट सकता है।

उड़ने वाला स्तनधारी

सिर्फ चमगादड़ ही ऐसा विचित्र स्तनधारी है, जो उड़ सकता है।

बुनकर का घोंसला

बुनकर पक्षी बया पेड़ की शाखाओं से लटकने वाला बोतल के आकार का घोंसला बनाता है। इसका प्रवेश-द्वार टनल के आकार का एक छेद होता है, जिसमें कोई बड़ा पक्षी प्रवेश नहीं कर सकता।

कॉन्डोर
शुतुरमुर्ग
वॉन्डरिंग
एल्बेट्रॉस
आर्कटिक टर्न

सबसे बड़ा पक्षी	:	शुतुरमुर्ग
सबसे छोटा पक्षी	:	हमिंग बर्ड
उड़ने वाला सबसे भारी पक्षी	:	म्यूट स्वान
उड़ने वाला सबसे बड़ा पक्षी	:	कॉन्डोर
उड़ने वाला सबसे तेज पक्षी	:	इण्डियन स्विफ्ट
सबसे अधिक उम्र वाला पक्षी	:	एन्डीन कॉन्डोर
सबसे बड़ा अंडा	:	शुतुरमुर्ग
सबसे ऊंचा उड़ने वाला पक्षी	:	इजिप्शियन गीज
सबसे लंबी दूरी तक उड़ने वाला पक्षी	:	आर्कटिक टर्न
सबसे अधिक बड़े पंखों वाला पक्षी	:	वॉन्डरिंग एल्बेट्रॉस
सबसे तेज तैराक पक्षी	:	पेंगुइन
सबसे अधिक बातूनी पक्षी	:	अफ्रीकी ग्रे पैरट

भूमिगत घोंसला

विषुवतीय दक्षिणी अमेरिका में पाया जाने वाला ऑयल बर्ड (Oil bird) एक ऐसा पक्षी है, जो भूमिगत गुफानुमा स्थानों पर रहता है। ये गुफाएं खुली हवा से एक किलोमीटर से भी अधिक गहराई पर होती हैं।

गुलाबी रंग

फ्लैमिंगो (Flamingo) का गुलाबी रंग उनके द्वारा लिये गए भोजन के कारण होता है।

उल्टी उड़ान

हमिंग बर्ड अपनी पूंछ की दिशा में भी उड़ सकती है।

गाने वाला पक्षी

भारतीय पक्षी शामा को यहां का सबसे अधिक सुरीला गाने वाला पक्षी माना गया है।

तोता

सिर्फ तोता ही एक ऐसा पक्षी है, जो अपनी चोंच का ऊपरी और निचला-दोनों हिस्सों को हिला सकता है।

पत्थर खाने वाला

शुतुरमुर्ग पत्थर खाता है, जो इसके शरीर में अधपचे भोजन को पीसकर पचाने में सहायता करते हैं।

सिर का घूमना

उल्लू अपने सिर को दोनों ओर से 180° तक हिला सकता है। अर्थात् यह पीछे की ओर भी देख सकता है।

एन्डीन कॉन्डोर

जीवन-काल

एन्डीन कॉन्डोर एक ऐसा पक्षी है, जो 70 वर्ष से भी अधिक समय तक जीवित रह सकता है।

सबसे ऊंची उड़ान

यूनानी बतख सबसे ऊंची उड़ान भरने वाला पक्षी है। देहरादून के एक खगोलशास्त्री ने सन् 1919 में इसका एक चित्र उस समय खींचा था, जब यह 11 और 12 मील के बीच की ऊंचाई पर उड़ रहा था।

बाल्ड चील

यह चील अपना घोंसला 2.9 मी. चौड़ा और 6 मी. गहरा बना लेती है।

पत्थर से अंडा तोड़ना

मिस्र का एक गिद्ध शुतुरमुर्ग का अंडा खाने के लिए अंडे पर एक पत्थर का टुकड़ा गिराता है। जब अंडा टूट जाता है, तब वह इसे खा जाता है।

6

विचित्र वनस्पति-जगत

मांसाहारी पौधे

मानव और बहुत-से जानवर तो मांस खाते हैं, लेकिन नाइट्रोजन प्राप्त करने के लिए कुछ पौधे भी मांस खाते हैं। इनका भोजन मुख्यत: कीड़े-मकोड़े होते हैं। वीनस-फ्लाई ट्रैप, पिचर प्लान्ट, ब्लैडर वर्ट आदि कुछ ऐसे पौधे हैं, जो मांसाहारी हैं।

प्राचीनतम वृक्ष

कैलीफोर्निया के व्हीलर पार्स में चीड़ का नुकीली पत्तियों वाला एक ऐसा वृक्ष है, जिसकी आनुमानित उम्र 5,000 वर्ष है।

बिशालकाय वृक्ष

अमेरिकी वृक्ष कोस्ट रेड वुड वृक्ष की ऊंचाई 110 मी. तक पहुंच जाती है।

मिर्च का पौधा

भारत के अल्मोड़ा जिले के श्रीकृष्ण जोशी ने सन् 1981 में मिर्च का एक ऐसा पौधा उगाया था, जिसकी ऊंचाई 6.6 मी. तक गई थी।

ऑक्सीजन

पौधे दिन के समय जो ऑक्सीजन पैदा करते हैं, वह रात में उनके द्वारा पैदा की जाने वाली कॉर्बन डाइऑक्साइड की तुलना में दसगुना अधिक होती है।

बांस का पेड़

बांस वृक्षों के वर्ग में नहीं आता, बल्कि घास की श्रेणी में आता है। इसकी वृद्धि-दर बहुत तीव्र होती है। यह एक दिन में तीन फुट बढ़ता है।

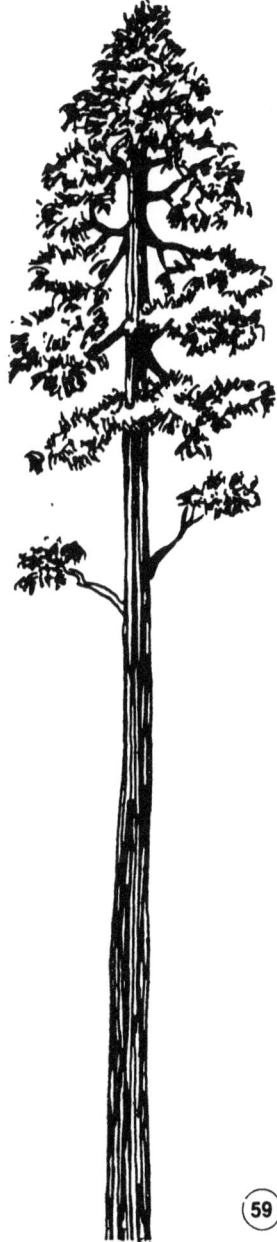

सूरजमुखी

सूरजमुखी

सूरजमुखी का फूल सदैव ही सूरज की ओर घुमा रहता है।

कॉफी

आश्चर्य की बात है कि कॉफी का आविष्कार किसी आदमी ने नहीं, बल्कि बकरियों ने किया था।

सबसे छोटा फूल

आर्टीलरी पौधे के फूल का व्यास केवल 0.35 मिमी. होता है। यह दुनिया में सबसे छोटा फूल है।

सबसे विशालकाय फूल

रैफ्लेशिया का फूल सबसे बड़ा होता है। इसका व्यास लगभग 90 सेंमी. होता है।

रैफ्लेशिया

ऑर्किड के बीज

ऑर्किड के बीज इतने छोटे होते हैं कि इनके दस लाख बीजों का वजन एक ग्राम से भी कम होता है।

बिजली का कौंधना

इंग्लैंड में ओक और पोपलार के वृक्षों पर किसी भी दूसरे वृक्ष की तुलना में अधिक बिजली गिरती है।

बॉक्सवुड

बॉक्सवुड की लकड़ी इतनी भारी होती है कि यह पानी पर तैरती नहीं, बल्कि उसमें डूब जाती है।

औषधि देने वाले पौधे

वनस्पति-जगत में ऐसे अनेक पौधे हैं, जिनसे अनेक आधुनिक औषधियां प्राप्त की जाती हैं। फॉक्सग्लोव नामक पौधे से डिजिटल नामक औषधि प्राप्त होती है, जो हृदय रोगों की चिकित्सा में प्रयुक्त की जाती है।

आलू

एक आलू से छह या इससे भी ज्यादा नए आलू पैदा हो सकते हैं।

समुद्री घास

समुद्री घास इतनी महत्त्वपूर्ण है कि इसका प्रयोग खाद, औषधियां, .पेन्ट, टूथपेस्ट और आइसक्रीम बनाने में किया जाता है।

जीवन का अस्तित्व

जीवन का अस्तित्व 8,230 मी. की ऊंचाई और 10,900 मी. की गहराई तक ज्ञात किया जा चुका है।

कैक्टस

रेगिस्तान में उगे तीन फुट ऊंचे एक कैक्टस की जड़ें दस फुट गहराई तक फैली हुई हो सकती हैं।

सबसे पुराना बीज

सबसे पुराना जीवित बीज उत्तरी अमेरिकी आर्कटिक ल्यूपिन से सन् 1954 में सेंट्रल कनाडा के स्मिड्ट नामक इंजीनियर को बर्फ में दबा हुआ मिला था। यह वहां 10,000 वर्ष से दबा हुआ था। जब इसे बोया गयाथा, तब इससे एक आधुनिक किस्म का पौधा प्राप्त हुआ था।

बात करने वाला वृक्ष

सन् 1982 में दो अमेरिकी वैज्ञानिकों ने इस विचित्र तथ्य की घोषणा की कि एक जाति के वृक्ष एक-दूसरे से कुछ बातों का आदान-प्रदान कर सकते हैं।

गुलाब की किस्में

आज दुनिया में गुलाब की 8,000 से भी अधिक किस्में विकसित की जा चुकी हैं। ये सभी किस्में केवल कुछ जंगली किस्मों से ही विकसित की गई हैं। 18वीं शताब्दी के अंत तक गुलाब की केवल चार या पांच किस्में ही मानव विकसित कर पाया था। इनमें डॉग रोज, मिस्क रोज, फोइनेसिअन रोज और रेड प्रॉविंस रोज मुख्य थीं। आधुनिक किस्मों का विकास केवल सन् 1900 में ही आरंभ हुआ।

गुलाब के फूल

गेहूं

गेहूं की खेती पिछले लगभग 10,000 वर्षों से की जा रही है। मध्य पूर्व के लोग 800 ई. पूर्व भी गेहूं की खेती किया करते थे।

मिर्च

मिर्चों की चरपराहट कैप्सीकम नामक रसायन के कारण होती है। मिर्च में यह रसायन लगभग 0.1% होता है। यद्यपि मिर्चों का मूल स्थान अमेरिका माना जाता है, तथापि इनकी सबसे ज्यादा पैदावार भारत में होती है।

पेड़ का तना

केन्या के बाओबाब वृक्ष का तना इतना लंबा और मोटा होता है कि कुछ लोग इन्हें खोखला करके इनमें अपने रहने के लिए घर बनाते हैं।

पौधों का अस्तित्व

पादप जीवन का अस्तित्व 884 फुट की गहराई तक होता है।

आलू

विश्व में आलू की लगभग 252 प्रजातियों की खेती की जाती है।

वन

विश्व में उत्तरी रूस के कोनीफेरॉस वन सबसे विस्तृत हैं।

तरबूज

अमेरिका के अरकान्सास नामक स्थान पर अप्रैल, 1980 में ग्रेस गार्डन में एक तरबूज उगाया गया था, जिसका वजन 90.7 किग्रा. था।

आम की किस्में

विश्व में आम की 1,000 से भी अधिक किस्में पैदा की जाती हैं, जिनमें से जुलाई, 1991 में नई दिल्ली में आयोजित अंतर्राष्ट्रीय आम प्रदर्शनी में 550 किस्में दिखाई गई थीं।

आम

अनन्नास

केन्या के मैलिंदी नामक स्थान के एच.रेटीट ने दिसंबर, 1978 में एक ऐसा अनन्नास तोड़ा था, जिसका वजन 17 पौंड था।

मशरूम

खाने वाले मशरूम केवल सात दिनों में ही पूर्ण वृद्धि प्राप्त कर लेते हैं।

चिड़िया की तरह के फूल

बर्ड ऑफ पैराडाइज के संतरी और नीले फूल चिड़िया के रंगीन पंखों की भांति दिखाई देते हैं।

7

अद्भुत लोग

मौंक

मिहालो टॉल्टोस नामक यूनानी मौंक ने अपने संपूर्ण जीवन-काल में किसी भी स्त्री के दर्शन नहीं किए। उनके जन्म के समय ही उनकी मां की मृत्यु हो गई और अगले दिन ही उन्हें एथॉज पर्वत पर बने एक मठ में भेज दिया गया। उन्होंने अपना जीवन मठों में मौंक्स के साथ बिना स्त्री के दर्शन किए ही बिताया। यहां तक कि मादा जंतु तक भी उस मठ में नहीं आने दिए जाते थे।

क्लियोपैट्रा

कचहरी के कार्य-कलापों के समय क्लियोपैट्रा हमेशा एक नकली दाढ़ी लगाती थी।

राजा की भूमिका

'द किंग ऐंड आई' नामक संगीत फिल्म में यू ब्राइनर ने एक ही भूमिका को 4,625 बार निभाया था। यह राजा सिआम की भूमिका थी।

मकड़े द्वारा प्रोत्साहन

सन् 1306 की हार के बाद किंग ब्रूस ने एक गुफा में शरण ली। वहां उसने एक मकड़े को देखा, जिसने अपने जाले में जाने के लिए (बार-बार गिरने पर भी) छह बार प्रयास किया। अंत में उसे जाले में पहुंचने में सफलता मिल गई। उसे देखकर ब्रूस को प्रोत्साहन मिला और उसने फिर एक बार अपने दुश्मन देश पर आक्रमण किया। उस आक्रमण में उसे सफलता मिली और वह स्कॉटलैंड का स्वामी बन गया।

शिगेचियो इजुमे

आयु

जापान के शिगेचियो इजुमे 120 वर्ष और 237 दिन जीवित रहे। उनका जन्म 29 जून, 1865 को तथा मृत्यु 21 फरवरी, 1986 को हुई।

व्रत

टेपोर्ट के एन्गस बारबीरी 382 दिनों तक व्रत पर रहे। इस अवधि में उन्होंने केवल चाय, कॉफी, पानी और सोडावाटर ही पिया।

आविष्कारक और राज-प्रतिनिधि

बेंजामिन फ्रैंकलिन प्रसिद्ध अमेरिकी राज-प्रतिनिधि होने के साथ-साथ एक जाने-माने आविष्कारक भी थे। उन्होंने वायुमंडलीय विद्युत का आविष्कार किया।

मानव कंप्यूटर

100 अंकों की संख्या का 13 वां वर्गमूल नीदरलैंड के विलेम क्लीन ने 7 अप्रैल, 1981 को केवल एक मिनट और 28.8 सेकंड में निकाल दिया था। यह एक कंप्यूटर जैसी तीव्र गति थी।

दीर्घायु

मनुष्य की सबसे अधिक औसत उम्र 120 वर्ष पाई गई है, जबकि कछुए की सबसे अधिक उम्र 152 वर्ष पाई गई है।

सबसे लंबा वैवाहिक जीवन

विश्व में सबसे लंबे वैवाहिक जीवन का कीर्तिमान 86 वर्ष रहा है। यह भारत के सर नारीमन और उनकी पत्नी का वैवाहिक जीवन-काल था।

गला रुंधने से मृत्यु

प्रतिवर्ष 3,000 अमेरिकी गले में भोजन की रुकावट से; 120 अमेरिकी स्नानघर के टबों में और 43,000 सड़क दुर्घटनाओं से मर जाते हैं।

दिल्ली की पहली सम्राज्ञी

रजिया सुल्तान दिल्ली सल्तनत की प्रथम भारतीय सम्राज्ञी थी।

एवरेस्ट की चोटी पर पहुंचने वाली महिला

बछेंद्री पाल ऐसी पहली भारतीय महिला है, जो विश्व की सबसे ऊंची पर्वत चोटी एवरेस्ट पर पहुंची।

दादा साहब पुरस्कार

भारतीय फिल्म अभिनेत्री देविका रानी ऐसी प्रथम महिला थीं, जिन्हें 'दादा साहब फाल्के पुरस्कार' से पुरस्कृत होने का गौरव प्राप्त हुआ।

अधिकतम बच्चों को जन्म

13 जून, 1971 को ऑस्ट्रेलिया के सिडनी शहर के रॉयल अस्पताल में श्रीमती गेराल्डाइन ब्रोडरिक ने 9 बच्चों को एक ही बार में जन्म दिया। इनमें 5 लड़के और 4 लड़कियां थीं।

पिकासो

पिकासो

विश्व-प्रसिद्ध पेंटर पिकासो ने अपने जीवन-काल में 13,500 पेंटिंग; 1,00,000 एनग्रेविंग; 34,000 पुस्तक-चित्र तथा 300 स्कल्पचर और कूरेमिक्स तैयार किए थे।

मृत्यु
विश्व में प्रतिवर्ष लगभग एक करोड़ लोगों की मृत्यु हो जाती है।

जन्म
विश्व में हर साल लगभग 2.7 करोड़ बच्चे पैदा होते हैं।

तलाक
विश्व में प्रतिवर्ष होने वाले तलाकों में से 46.5% तलाक अमेरिका में लिये जाते हैं।

गीत
सबसे अधिक गाए जाने वाला गीत है, 'हैप्पी बर्थ डे टु यू'।

लता मंगेशकर

सबसे अधिक गीत
भारत की लता मंगेशकर ने सन् 1948 और 1985 के बीच 20 भारतीय भाषाओं में लगभग 30,000 गीत गाए।

फिल्मी भूमिका
सन् 1951 और 1985 की अवधि में अमेरिकी अभिनेता जॉन लीटन ने 3,350 बार फिल्मों और टी.वी. फिल्मों में भूमिका अदा की।

वोट देने की आयु
भारत में अब वोट देने की उम्र 18 वर्ष है, जबकि फिलीपाइन में यह उम्र 15 वर्ष है।

हत्या-दर
मालद्वीप में अब तक हत्या-दर शून्य के बराबर है, जबकि ब्राजिल में यह सबसे अधिक है।

आमलेट

कनाडा के एक होटल ली-मेरीडियन में 27 जनवरी, 1986 को 45,000 अंडों का एक आमलेट बनाया गया था।

अकाल

सन् 1959 से 1961 की अवधि में भीषण अकाल के कारण उत्तरी चीन में लगभग 3 करोड़ लोगों की मृत्यु हो गई थी।

दूध दूहने का कीर्तिमान

अमेरिका के ओकलाहोमा के कोलिन्सविले नामक स्थान में सन् 1937 में एन्डी फॉस्ट नामक व्यक्ति ने 12 घंटे की अवधि में 120 गैलन दूध दूहने का कीर्तिमान स्थापित किया था।

सबसे लंबी मूंछें

भारत के उत्तर प्रदेश राज्य के प्रतापगढ़ नामक स्थान के निवासी पंडित मसूरिया दीन की मूंछों की लंबाई सन् 1962 में 259 सेंमी. थी।

रक्त-दान

सन् 1966 से 1986 के दौरान अमेरिका के एलेन डोस्टर ने 851.76 लिटर रक्त-दान किया।

नाखून

भारत के पूना निवासी श्रीधर चिलाल ने अपने बाएं हाथ की पांचों उंगलियों के नाखूनों की लंबाई 363.2 सेंमी. तक बढ़ा ली है।

लोहे के फेफड़े

अमेरिका की श्रीमती लॉरैल निसबेल लोहे से बने फेफड़ों के सहारे 37 वर्ष 58 दिन जीवित रहीं।

रिचर्ड

इंग्लैंड के सम्राट रिचर्ड ने अपने शासन-काल में 95% समय अपनी सत्ता से बाहर ही बिताया और अपने शासन-काल में वह केवल दो बार इंग्लैंड आए।

इटली का झंडा

इटली के झंडे का डिजाइन नेपोलियन बोनापार्ट ने तैयार किया था।

नेपोलियन बोनापार्ट

पति का नाम

असिन किरगीज नामक आदिवासियों में यदि कोई महिला अपने पति का नाम ले लेती है, तो उसका तुरत तलाक हो जाता है।

आई. क्यू.

यदि आपका आई.क्यू. 180 या इससे अधिक है, तो आप 10 लाख व्यक्तियों में से एक हैं।

बिग बेन

18वीं शताब्दी के प्रसिद्ध राजनीतिज्ञ 'बेन्जामिन हाल' का वजन 158 किग्रा. था। उन्हीं के नाम पर विशाल घंटे का नाम बिग बेन रखा गया।

अंधविश्वास

भारत में रहने वाले चेन्चू आदिवासियों का अंधविश्वास है कि रात्रि के समय संभोग करने से अंधे बच्चे पैदा होते हैं।

शरीर पर गुदाई

रस्टली फील्ड नामक महिला के शरीर पर गुदाई कला से सबसे अधिक डिजाइन बने हुए हैं। उनके पति ने पिछले 20 वर्षों में उनके शरीर को इतना सजाया है कि पूरे शरीर पर 2,500 से भी अधिक डिजाइन बना डाले हैं।

मानव का अस्तित्व

यद्यपि पृथ्वी पर जीवन का आरंभ लगभग 3.5 अरब वर्ष पहले हुआ था, तथापि मानव का अस्तित्व केवल 10 लाख वर्ष पुराना है।

पुलिस

अमेरिका में पुलिस के व्यक्तियों को 'कॉप्स' कहते हैं, जबकि लंदन में उन्हें 'बॉबीज' कहा जाता है।

विमानचालक

विमानचालक अपने विमान के पंखों को झुकाकर या हल्का-सा घुमाकर एक-दूसरे को सैल्यूट देते हैं।

गोदना

शरीर पर काले रंग से गुदाई करके और विभिन्न किस्म के नमूने बनाकर जापान के कुछ लोग कभी कपड़ों का काम लेते थे। उनका पूरा शरीर इन आकृतियों से ढका होता था।

वस्त्र

दक्षिण भारत के टोडा जनजाति की एक स्त्री को अपने पूरे जीवन में केवल दो बार वस्त्र मिलते हैं। पहली बार बचपन में और दूसरी बार जब उसका विवाह होता है।

अमेरिका के राष्ट्रपति

अमेरिका के अब तक 39 राष्ट्रपतियों में से 4 की हत्या की गई है। अब्राहम लिंकन की सन् 1865 में वाशिंगटन थियेटर में जॉन विल्कस बूथ ने गोली मारकर हत्या कर दी थी। जेम्स गारफील्ड की सन् 1881 में चार्ल्स टीयू ने हत्या कर दी थी। विलयम मेकिनले को लिओन जोलयोश्च ने सन् 1901 में गोली मार दी थी तथा जॉन एफ. कैनेडी की सन् 1963 में ली हार्वे ऑसवाल्ड ने गोली मार कर हत्या कर दी थी।

अब्राहम लिंकन

जॉन एफ. कैनेडी

ताजमहल

प्यार के लिए परिश्रम

आगरा में यमुना नदी के किनारे बने ताजमहल के निर्माण के लिए 20 हजार मजदूरों ने 20 वर्ष तक कठिन परिश्रम किया। यह भव्य इमारत शाहजहां ने अपनी बेगम मुमताज महल के प्यार में यादगार के रूप में बनवाई थी। यह सफेद संगमरमर से बनी हुई है।

बच्चों की संख्या

अब्दुल अजीज, जो सन् 1932 में सऊदी अरब के बादशाह थे, के कम-से-कम 79 बच्चे थे।

मानव के बच्चे – भेड़िये के बच्चे

जिन बच्चों को जंगलों में छोड़ दिया जाता है या मानवों के साथ से वंचित कर दिया जाता है, उन्हें बोलने की आदत नहीं पड़ पाती। ऐसे बच्चों को 'भेड़िये के बच्चे' कहते हैं। विश्व में ऐसे 50 बच्चों का लेखा-जोखा है, जिन्हें जंगली जानवरों के साथ रहते हुए पाया गया है। सभी बच्चे दिमागी रूप से पिछड़े हुए और बोलने में असमर्थ पाए गए।

खोजकर्ता, जिसने पत्नी खरीदी

विक्टोरियन खोजकर्ता सैम्युअल बेकर ने अपने जीवन-काल में एक विचित्र खरीद की और यह खरीद थी अपनी पत्नी की। यह एक हंगरी की लड़की थी, जिसे बेकर ने तुर्क दासता की एक नीलामी से खरीदा था।

एक दिन में आधा अरब

अमेरिका के हॉवर्ड ह्यूज (1905-76) ने एक बार एक दिन में आधा अरब डॉलर प्राप्त किए थे। उसे ट्रान्स वर्ल्ड एयरलाइन्स से अपनी संपत्ति के 75% भाग के लिए सन् 1966 में 54,65,49,771 डॉलर का बैंक ड्रॉफ्ट प्राप्त हुआ था।

पृथ्वी का सबसे गहरा छेद

भूगर्भ से संबंधित अध्ययनों के लिए पृथ्वी में उत्तरी रूस के कोला पेनिनसुला में सबसे गहरा छेद सन् 1984 में किया गया था। उद्देश्य के अनुसार 15,000 मी. गहराई का छेद करना था, जिसे गहराई के 4/5 भाग तक सफलतापूर्वक किया गया।

सुपर हाईवे

इन्काज द्वारा निर्मित सुपर हाईवे ग्रेट रॉयल रोड, जिसकी लंबाई 4,800 किमी. है, आज भी दक्षिणी अमेरिका की एन्डीज पर्वतमाला में दिखाई देती है। इसका निर्माण सन् 1200 और 1600 के मध्य में किया गया था। इस सड़क की चौड़ाई लगभग 23 फुट थी और इसके दोनों ओर पत्थरों की दीवार भी बनाई गई थी।

पांच हजार वर्ष पुरानी

मानव-निर्मित सबसे पुरानी स्टोन हेन्ज मंदिर के आकार की रचना 3,250 ई.पू. में बनाई गई थी। यह विशाल संरचना 'गोजो' प्रायद्वीप के मैगर और स्कोरबा के मोट्टा और गेंतिजा में स्थित है।

बहुमूल्य छतरी

सन् 1871 में निर्मित विशाल ईंटों की छतरी बर्मा में है। यह गौतम बुद्ध का अष्टमोक्ष मार्ग आठ स्पायरों से दर्शाती है। इसकी ऊंचाई 99 मी. है। इसकी स्पायर सोने की 8,688 पतली चादरों से ढकी है। यह महाराजा मिन्डन ने भेंट की थी। आज के मूल्य के अनुसार, सोने की प्रत्येक चादर का मूल्य 5,000 पौंड है।

एस्किमो का स्वास्थ्य

ध्रुव प्रदेशों में रहने वाले एस्किमो दुनिया के दूसरे लोगों की तुलना में सबसे अधिक चिकनाई खाते हैं, लेकिन इसके बावजूद इन लोगों को दिल का दौरा नहीं पड़ता।

एस्किमो

पुरातन रोम इंजीनियरों द्वारा स्पेन के मेरिडा नामक स्थान पर दूसरी शताब्दी में बनाए गए दो बांध आज भी प्रयुक्त किए जाते हैं। पिछले 1,800 वर्षों में उनकी पत्थर की दीवारों में कुछ मरम्मत का काम केवल सन् 1930 में ही किया गया था।

बगीचे में बनी झोपड़ी का उत्पाद

अमेरिकी उद्योगपति हेनरी फोर्ड ने अपनी पहली मोटरकार मिशिगन में बने अपने घर के बगीचे कें शेड में सन् 1896 में बनाई थी। बाद में उन्होंने फोर्ड मोटर कंपनी की स्थापना की।

पहली वायुयान यात्रा

पहली बार वायुयान से यात्रा करने वाले जीवित प्राणियों में एक भेड़, एक मुर्गा और एक बतख थे। फ्रांस के मोंटग्डफियर भाइयों ने गर्म हवा से उड़ने वाला एक गुब्बारा बनाया, जिसे नवंबर, 1783 में उड़ाया गया। इसी में इन जंतुओं को परीक्षण के लिए रखा गया था। वे बिना किसी नुकसान के हवा में उड़े। मुर्गे के पंख में हल्की-सी क्षति हुई थी और वह भी इसलिए कि शायद भेड़ ने उसमें लात मार दी थी।

विनाशकारी चुंबन

चीन के कवि ली पो के विषय में बताया जाता है कि पानी में चंद्रमा के परावर्तित प्रतिबिंब को चूमने के लिए वे नाव से कूद पड़े थे। फलत: पानी में वह डूब गए थे, जिससे उनकी मृत्यु हो गई थी।

मक्खियां पकड़ना

सन् 1928 में एक चीनी व्यक्ति ने 4 घंटे की अवधि में 21 000 मक्खियां पकड़ी थी।

भैंस का दूध दूहना

तमिलनाडु में ओटकमन्ड नामक स्थान पर रहने वाले नीलगिरि के टोडा आदिवासियों में भैंस का दूध केवल पुरुष ही दूह सकता है, महिलाएं नहीं। दूध से घी निकालने का काम मंदिरों में रहने वाले पुजारी और उनकी कन्याएं करती हैं।

आकाशीय उल्कापिण्ड का टकराव

अब तक की जानकारी के अनुसार केवल अमेरिका की श्रीमती हेवलेट होजेज से खगोलीय उल्कापिण्ड टकराया है।

सबसे अधिक उम्र तक जीने वाला व्यक्ति

अब तक के आंकड़ों के अनुसार, सबसे अधिक उम्र (168 वर्ष) तक जीने वाला व्यक्ति शिराली निसलीमोव था, जो 8 सितंबर, 1978 को ईश्वर को प्यारा हुआ।

जॉन टेलर

सन् 1842 में जब जॉन टेलर को यह बताया गया कि वह अमेरिका का राष्ट्रपति बन गया है, तब वह अपने घुटनों पर टिककर कंचे खेल रहा था।

समान जन्मदिन

प्रिन्स चार्ल्स और पंडित जवाहर लाल नेहरू का जन्मदिन 14 नवंबर है।

प्रिन्स चार्ल्स   पं. नेहरू

चावल

चावल खाने वाले

विश्व की आधी से अधिक जनसंख्या अर्थात् 2.5 अरब से अधिक लोग चावल खाते हैं।

स्नान

ऐलिजाबेथियन काल में लोग नहाने में विश्वास नहीं करते थे, क्योंकि उनकी धारणा थी कि नहाने से शरीर का स्वाभाविक तेल धुल जाता है। फलतः रोग फैलाने वाले जीवाणु शरीर में प्रवेश कर जाते हैं।

आयु

63 वर्ष से अधिक उम्र के व्यक्तियों की संख्या विश्व में 30 करोड़ है। सन् 2000 तक यह संख्या 37 करोड़ और सन् 2200 तक यह 46.5 करोड़ हो जाएगी।

साड़ी

मगध के सम्राट चंद्रगुप्त मौर्य की यूनानी पत्नी हेलन ने भारत में महिलाओं में साड़ी पहनने का चलन आरंभ किया।

शीशे का घर

कनेक्टीक्ट (न्यू केनन) में फिलिप जॉनसन ने एक ऐसा घर बनाया, जो पूरा का पूरा शीशे का है। यह आयताकार है और इसकी छत स्टील के खंभों पर टिकी है।

कागज का मकान

मेसाचुसेट्स के एलिस एफ. स्टेनमैन ने 1,00,000 समाचार-पत्रों को प्रयोग में लाकर कागज का एक मकान बनाया। इस मकान की दीवारें अखबारों को मोड़कर तथा एक-दूसरे से चिपकाकर बनाई गई हैं। कागजों को गोलाकार रूप में मोड़कर मकान का फर्नीचर बनाया गया है, जिसमें मेज, कुर्सी, लैंप शेड आदि हैं। इसका निर्माण-कार्य सन् 1942 में पूरा हुआ था।

बोतलों का मकान

कनाडा के जॉर्ज प्लंब ने सन् 1978 में बोतलों को प्रयोग करके एक मकान बनाया था। इस मकान के निर्माण में 18,000 शराब, सोडा, बीयर और दवाओं की बोतलें प्रयुक्त की गई थीं।

क्रिकेट का खिलाड़ी

अंग्रेजी क्रिकेट खिलाड़ी डब्ल्यू. जी. ग्रेस ने 9 वर्ष की उम्र में क्रिकेट खेलना आरंभ किया और वह 61 साल की उम्र तक क्रिकेट खेलते रहे।

पावो नुरमी

फिनलैंड के प्रसिद्ध धावक पावो नुरमी एक ठेला चालक थे। उन्होंने अपने जीवन-काल में सन् 1920, 1924 और 1928 के ओलंपिक खेलों में 12 पदक जीते, जिनमें 9 स्वर्ण और 3 रजत पदक थे।

ओलंपिक के स्वर्ण पदक

यूनान के सम्राट कॉन्स्टेन्टाइन और नॉर्वे के सम्राट ओलीव-दोनों ने ही नौका-दौड़ में ओलंपिक के स्वर्ण पदक जीते।

स्वर्ण पदक

अमेरिकी तैराक मार्क स्पिट्ज ने सन् 1972 में म्युनिख में खेले गए ओलंपिक खेलों में 7 स्वर्ण पदक जीते।

कार्ल लेविस

अमेरिका का एथलीट कार्ल लेविस कंधे से कंधा मिलाए हुए बारह लोगों को लांघ सकता है।

मुहम्मद अली

प्रसिद्ध मुक्केबाज मुहम्मद अली ने मुक्केबाजी से 6 करोड़ डॉलर कमाए। सबसे अधिक राशि अक्टूबर, 1960 से अगस्त, 1979 की अवधि में 59 मुक्केबाजी की प्रतियोगिताओं में कमाई गई।

एडवर्ड जेनर

एडवर्ड जेनर ने चेचक के टीके का आविष्कार एक ग्वालिन, जो (गाय-शीतला से) पीड़ित थी, की उंगली से कुछ तरल पदार्थ लेकर किया था।

नौरेद्दीन किन्नोरी

सन् 1983 में ईरान के जाने-माने नेता खुमैनी ने अचानक ही तुदेह पार्टी को बर्खास्त कर दिया था। इसका कारण सेक्रेटरी जनरल नौरेद्दीन की के.जी.बी. के साथ सांठगांठ थी।

सांड़ों को मारने वाला

रफेल मोलिना 19 वीं शताब्दी का प्रसिद्ध सांड़-लड़ाकू था। उसने लगभग 4,867 सांड़ों को मारा।

आर्कमिडीज

प्रसिद्ध वैज्ञानिक आर्कमिडीज की हत्या एक रोमन सैनिक ने कर दी थी।

डब्ल्यू. के. रौंटजन

रौंटजन ने एक्स किरणों के आविष्कार के तुरत बाद प्रथम चित्रण अपनी पत्नी के हाथ का किया।

जॉन एफ. कैनेडी

अमेरिका के 35 वें राष्ट्रपति जॉन एफ. कैनेडी (1917-1963) ने दिसंबर, 1961 में एक जन सभा को संबोधित किया। उस सभा में दिए गए भाषण में उन्होंने बोलने का नया कीर्तिमान स्थापित किया। उस भाषण में वह 327 शब्द प्रतिमिनट के वेग से बोले थे।

लियोनार्दो द विन्सी

दस व्यक्तियों की प्रतिभा के बराबर एक

लियोनार्दो द विन्सी को एक में दस व्यक्तियों की प्रतिभा वाला महापुरुष कहा जाता है। वह एक पेंटर, आविष्कारक, बांसुरी वादक, तराशिये, इंजीनियर, वैज्ञानिक, एनाटोमिस्ट, आर्कीटेक्ट, नगर-नियोजक और डिजाइनर थे।

स्वप्न में समस्या का समाधान

कहते हैं कि केकुले ने बेन्जीन की संरचना का समाधान एक स्वप्न में किया था।

अल्फ्रेड नोबेल

डायनामाइट विस्फोटक के आविष्कारक अल्फ्रेड नोबेल ने अपने द्वारा कमाए गए धन से नोबेल पुरस्कार की स्थापना की थी।

एच.जे. भाभा

भारत के जाने-माने भौतिकशास्त्री होमी जहांगीर भाभा की मृत्यु सन् 1966 में एक विमान दुर्घटना में हुई थी।

जेल की देन

विश्व के अनेक उपन्यास, जीवनियां, कविताएं, दर्शन आदि उस समय लिखे गए, जब उनके लेखक जेलों में थे।

राजीव गांधी

राजीव गांधी

24 दिसंबर, 1984 के आम चुनावों में राजीव गांधी ने कांग्रेस-आई. की ओर से संसद की 542 सीटों में से 405 सीटें जीती थीं। यह विश्व का एक कीर्तिमान था।

■■

8

स्थानों के विषय में विचित्र तथ्य

वाशिंगटन डी.सी.

वाशिंगटन डी.सी. में डी.सी. डिस्ट्रिक्ट ऑफ कोलंबिया को प्रदर्शित करता है।

मध्य रात्रि में सूर्य की भूमि–नॉर्वे

नॉर्वे

नॉर्वे को मध्य रात्रि में सूर्य की भूमि (Land of Midnight Sun) के नाम से पुकारते हैं, क्योंकि वहां सूर्य मई से जुलाई तक नहीं छिपता है।

हवाई अड्डा

शिकागो का अंतर्राष्ट्रीय हवाई अड्डा इतना व्यस्त रहता है कि वहां औसतन प्रतिघंटा 85 हवाई जहाज उड़ान भरते और उतरते हैं।

झीलों की भूमि

फिनलैंड में 60,000 झीलें हैं। इसलिए इसे 'झीलों की भूमि' कहते हैं।

सूडान

अफ्रीका में सूडान आठ देशों से घिरा है। ये देश हैं – मिस्र, लीबिया, चड, सेन्ट्रल अफ्रीकन रिपब्लिक, जैरे, यूगांडा, कीनिया और इथोपिया।

ऑरेंज रिवर

दक्षिणी अफ्रीका की ऑरेंज रिवर बहुमूल्य है, क्योंकि इसके बहाव में हीरे भी बहते हैं।

इटली

इटली

इटली का आकार नाव जैसा है।

ठंड के कारण

सन् 1925 में ठंड के दिनों में कनाडा में इतनी सर्दी पड़ी थी कि नियाग्रा फॉल पूरी तरह जम गया था।

हॉलैंड पोर्ट

हॉलैंड का रॉटरडम पोर्ट सबसे विशाल है। यहां से 30 लाख टन माल प्रतिवर्ष लाया-ले जाया जाता है।

चीन की राजधानी

चीन की राजधानी बीजिंग की आबादी एक करोड़ है, लेकिन यहां कारों की संख्या केवल 1,800 है।

चाय मुद्रा

पिछली शताब्दी तक साइबेरिया में चाय के ठोस ब्लॉक मुद्रा के रूप में प्रयुक्त किए जाते रहे हैं।

पृथ्वी में छेद

यदि शंघाई में पृथ्वी में आर-पार सीधा छेद किया जाए, तो यह बुनोज आयरस पर जाकर निकलेगा।

फ्रिज़

दुनियाभर में फ्रिज़ को लोग खाद्य पदार्थों को ठंडा तथा सुरक्षित रखने में प्रयुक्त करते हैं। लेकिन एस्किमो इसे अपने खाने को जमने से बचाने के लिए प्रयुक्त करते हैं।

मिस्रवासी

मिस्रवासी अपना कैलेंडर ठीक करने के लिए नील नदी की बाढ़ का प्रयोग किया करते थे।

वैटीकन शहर

विश्व का सबसे छोटा देश वैटीकन सिटी है, जहां की जनसंख्या-वृद्धि दर शून्य है। यहां की जनसंख्या केवल 800 है।

देश

विश्व में 229 देश हैं, जिनमें से 170 प्रभुतासंपन्न तथा 59 गैर-प्रभुतासंपन्न हैं।

मकानों के नंबर

मकानों पर नंबर डालने की प्रथा सन् 1463 में पेरिस में आरंभ हुई थी। इसके लगभग 300 वर्ष बाद यह चलन लंदन में शुरू हुआ।

टोकियो

टोकियो का पुराना नाम एडो है।

भारत में पहली विद्युत रेलगाड़ी

भारत में पहली विद्युत रेलगाड़ी सन् 1925 में वी.टी. (बंबई) और कुरला के बीच चलाई गई थी।

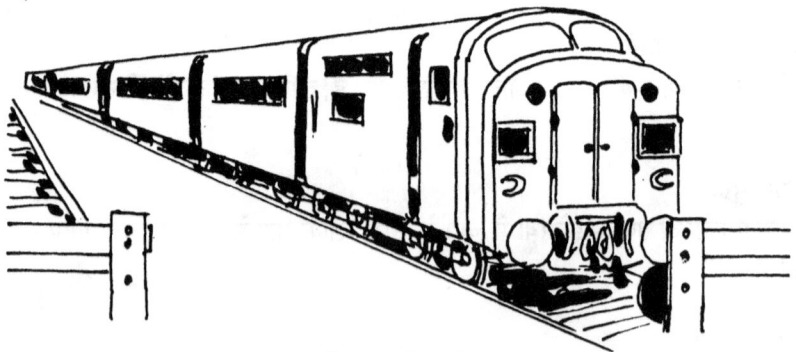

भारत में पहली विद्युत रेलगाड़ी

धन एकत्रीकरण

आंध्र प्रदेश के तिरुपति मंदिर में प्रतिदिन लगभग 10 लाख रुपये एकत्रित हो जाते हैं।

ठंड का असर

साइबेरिया जैसे अत्यंत ठंडे स्थानों पर लोगों को जुकाम नहीं होता, क्योंकि वहां इतने कम तापमान पर बैक्टीरिया की संख्या में वृद्धि नहीं हो पाती।

विशालतम छेद

विश्व का विशालतम मानव-निर्मित छेद दक्षिणी अफ्रीका के किंबरली नामक स्थान पर है। इसकी परिमीति 1.6 किमी. है तथा यह 800 मी. गहरा है। यह सन् 1871 में हीरे प्राप्त करने के लिए खोदा गया था। इससे 3 टन हीरे प्राप्त हुए थे।

भूकंप

जापान में प्रतिवर्ष 1,000 भूकंपों के झटके महसूस किए जाते हैं।

बरमूडा त्रिभुज

बरमूडा त्रिभुज फ्लोरिडा, बरमूडा और सारगासो सागर से घिरा अटलांटिक सागर का हिस्सा है। यह इतना खतरनाक है कि इसमें अनेक वायुयान और जलयान गायब हो गए हैं।

भयंकर बाढ़

जुलाई, 1991 में चीन में आई भयंकर बाढ़ से 20 करोड़ लोग तबाह हो गए थे।

जनसंख्या

आज विश्व की जनसंख्या 5 अरब से भी अधिक है। यह सन् 2080 तक 15 अरब हो जाएगी।

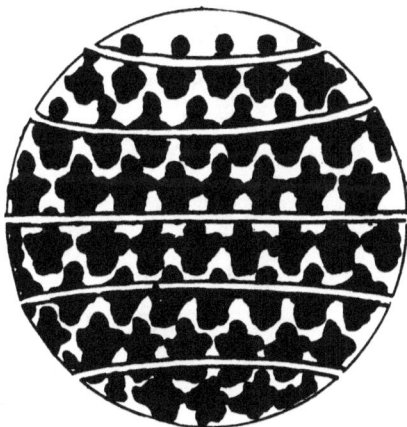

चीन

जनसंख्या वितरण

विश्व की कुल जनसंख्या का 40% भारत और चीन में है।

रूस

संपूर्ण भूमि के क्षेत्रफल के अनुसार, रूस का भूमि भाग सबसे अधिक है।

कुछ रिकॉर्ड

विशालतम संरचना	: चीन की दीवार
गगनचुंबी इमारत	: शिकागो की सीअर टावर–443 मी. ऊंची।
सबसे ऊंचा बांध	: रूस में निर्माणाधीन
सबसे लंबी सुरंग	: जापान, 54 किमी. लंबी
सबसे अधिक जनसंख्या वाला नगर	: मैक्सिको
सबसे ऊंची राजधानी	: ला पाज बोलीविया
सबसे ऊंचा नगर	: ल्हासा
सबसे महंगा नगर	: टोकियो (जापान)
सबसे चौड़ा जलप्रपात	: खोने
सबसे अधिक जनसंख्या वाला देश	: चीन
सबसे कम जनसंख्या वाला देश	: वैटीकन सिटी
सबसे बड़ा पार्क	: वुड बफैलो, कनाडा।

9

विज्ञान और तकनीकी के चमत्कार

लौ

कार्बन सब-नाइट्राइड को जलाकर एक ऐसी लौ पैदा की गई है, जिसका तापमान केवल 526 केल्विन है।

सूक्ष्म छेद

इलीनोज विश्वविद्यालय में मई, 1983 में इलेक्ट्रॉन बीम को सोडियम वीटा एल्युमिनेट पर डालकर एक अत्यंत सूक्ष्म छेद किया गया था, जिसका व्यास केवल 20 आंगस्ट्राम (20×10^{-8} सेंमी.) है।

सूक्ष्मदर्शी

एक टनलिंग सूक्ष्मदर्शी द्वारा किसी वस्तु को 1 करोड़ गुना बड़ा करके देखा जा सकता है। इस सूक्ष्मदर्शी में सिर का एक बाल आधा किमी. मोटा दिखाई देगा।

निर्वात

मानव ने 10^{-14} टौर का निर्वात पैदा करने में सफलता प्राप्त कर ली है।

कार का वेग

जेट इंजन से चालित कार का वेग 1019.4 किमी. प्रति घंटा पहुंच सकता है।

रेलगाड़ी

फ्रांस में एक ऐसी रेलगाड़ी विकसित की गई है, जिसका अधिकतम वेग 270 किमी. प्रतिघंटा है।

मोमबत्ती

आम मोमबत्तियां तो हम सबने देखी है, लेकिन सन् 1897 में स्टॉकहोम प्रदर्शनी में एक ऐसी मोमबत्ती दिखाई गई थी, जिसकी ऊंचाई 80 फुट और व्यास 8.5 फुट था।

सिगार

हॉलैंड में एक ऐसा सिगार बनाया गया, जो 5 मी. लंबा और 262 किग्रा. वजनी था।

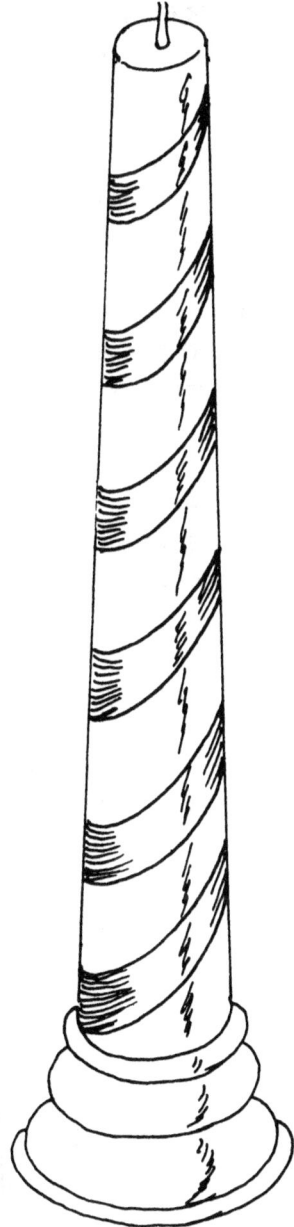

मोमबत्ती

रेडियो सेट

विश्व का सबसे छोटा रेडियो सेट 9 × 5.4 × 1.3 सेंमी. आकार का है। यह माचिस की डिब्बी के बराबर है। इसे जापान की तोशिबा कंपनी ने विकसित किया है।

टेलीविजन का पर्दा

जापान की सोनी जंबो ट्रोन कंपनी ने एक टेलीविजन स्क्रीन बनाया है, जो 80 फुट × 150 फुट आकार का है।

टेलीविजन सेट

सन् 1985 में जापान की कंपनी एपसन ने एक इतना छोटा टेलीविजन सेट बनाया, जिसकी माप केवल 3 × 6.5 × 1.5 इंच और वजन लगभग एक पौंड है।

ऊर्जा

आज के वैज्ञानिक पदार्थ को ऊर्जा में बदल सकते हैं। आश्चर्य की बात तो यह है कि एक ग्राम यूरेनियम से इतनी ऊर्जा पैदा होती है, जितनी 30,000 ग्राम कोयले को जलाने से पैदा होती है।

तड़ित झंझा

यदि आपके केश अचानक सीधे खड़े हो जाएं, तो यह संभावना है कि आप पर बादलों की बिजली गिर सकती है।

इंद्रधनुष

उड़ते हुए हवाई जहाज से इंद्रधनुष का पूरा वृत्त देखा जा सकता है।

दाढ़ी बनाने का विद्युतचालित उपकरण

दाढ़ी बनाने के विद्युतचालित उपकरण में रेजर ब्लेड और गर्म पानी की तुलना में कम ऊर्जा खर्च होती है।

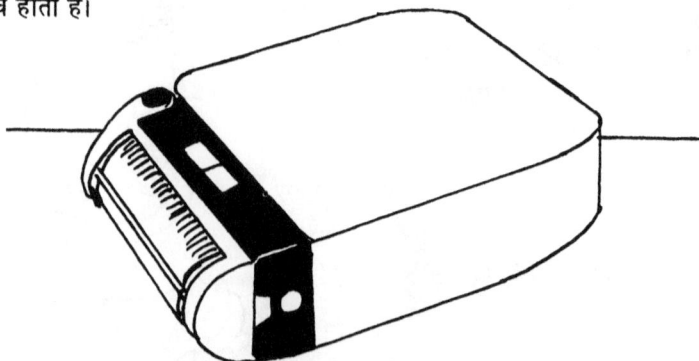

दाढ़ी बनाने का विद्युतचालित उपकरण

सिरका

एक लिटर सिरका जाड़े के दिनों में गर्मियों की अपेक्षा अधिक भारी होता है।

पढ़ने की मशीन

अमेरिकी वैज्ञानिकों ने कंप्यूटर से युक्त एक ऐसी मशीन विकसित की है, जो आदमियों की तरह लिखित सामग्री को पढ़ सकती है।

अद्भुत ईंटें

वैज्ञानिकों ने पोलीयूरेथिन पदार्थ से ऐसी ईंटें विकसित की हैं, जो पानी पर तैर सकती हैं। ये ईंटें मिट्टी की ईंटों की तुलना में कहीं अधिक मजबूत होती हैं।

स्पेस शटल

स्पेस शटल एक ऐसा अंतरिक्षयान है, जो वायुयान की भांति पृथ्वी पर उतर सकता है।

किण्वन

एक बैरल रस या शराब को किण्वन (Fermentation) द्वारा सिरके में बदलने में एक से दो वर्ष का समय लगता है।

तैरना

नदी की तुलना में समुद्र में तैरना अधिक सरल होता है, क्योंकि घुले हुए नमक के कारण समुद्री जल का घनत्व अधिक होता है।

समुद्र में तैरना अधिक सरल

हवा के सहारे लटकी छत

अमेरिका के मिशिगन शहर में पोटैंक सिल्वर डोम स्टेडियम की छत हवा के सहारे टिकी हुई है। यह कांच तंतुओं की बनी है और इसे साधने के लिए कोई भी दीवार नहीं है।

अत्यंत हल्के जूते

अत्यंत हल्के जूते

न्यूयार्क निवासी यंतुर्नी ने 3 साल की अवधि में सन् 1920 के दशक में ऐसे जूतों का निर्माण किया, जो पक्षियों के पंखों की भांति हल्के थे। वह 1,000 डॉलर जमा कराए बिना इन जूतों को बनाने के लिए तैयार न था।

एंबुलेंस

एंबुलेंस गाड़ियों को नेपोलियन के शल्य चिकित्सक ने अपनी इटली की कंपनी में सन् 1796-97 में विकसित किया था।

एक असंभव टाइपराइटर

यद्यपि जापान के लोग औद्योगिक दुनिया में सबसे आगे हैं, लेकिन वे आज तक जापानी भाषा के टाइपराइटर की कुछ कमियां दूर नहीं कर पाए हैं। इसका कारण यह है कि उनकी आम भाषा में 2,000 से अधिक अक्षर हैं, जिनके लिए पूर्ण परिष्कृत की-बोर्ड बनाना अत्यधिक कठिन कार्य है।

विश्व का सबसे महंगा जल

गुरु जल या भारी पानी, जिसका प्रयोग नाभिकीय भट्ठियों में किया जाता है, विश्व का सबसे महंगा जल है। एक लिटर गुरु जल का मूल्य लगभग 200 पौंड होता है।

प्रशीतक संयंत्र

विश्व की सबसे गहरी खान दक्षिण अफ्रीका के कार्लेटनविले नामक स्थान पर है। इसके अंदर 2,500 टन क्षमता का बर्फ-संयंत्र लगाया गया है। बिना इस प्रशीतक के इस खान के सबसे निचले स्तर, जो 3,777 मी. गहरा है, का तापमान 55° सेल्सियस रहता है। प्रशीतक के कारण तापमान कम रहता है, जिस पर मजदूर सरलता से काम कर लेते हैं।

लटकने वाला पुल

लटकने वाला पुल

उत्तरी इंग्लैंड का हंबर ब्रिज सबसे लंबा लटकने वाला पुल है। इसका डैक हवाई जहाज के पंखों की तरह नीचे की ओर झुका हुआ है, ताकि हवा जितनी तेज चले, इसकी पकड़ उतनी ही मजबूत हो जाए। इसकी रस्सियां एक विशेष कोण पर झुकी हुई हैं, ताकि कम वायु वेग में इस पुल को संभाल सकें। इसकी लंबाई 1,410 मी. है।

सुपर कंप्यूटर

सुपर कंप्यूटर अत्यंत तीव्र गति से काम करते हैं। इनमें तीव्रतम सुपर कंप्यूटर प्रतिसेकंड 13,000 लाख गणनाएं कर सकता है। आने वाले सुपर कंप्यूटर प्रतिसेकंड 1,000 करोड़ से भी अधिक गणनाएं करने में सक्षम होंगे।

सेफ्टीपिन

सेफ्टीपिन का आविष्कार न्यूयार्क के वाल्टर हॉन्ट ने सन् 1849 में किया। उसे 7 पौंड का कर्ज देना था, जिसे निपटाने के लिए उसने 3 घंटे में सेफ्टीपिन बना डाली।

टी.वी. सेट

चीन में 650 लाख से अधिक टी.वी सेट हैं। टी.वी. का कोई भी अच्छा कार्यक्रम इस देश में 32.5 करोड़ से अधिक लोगों द्वारा देखा जाता है। दर्शकों की यह संख्या विश्व में सबसे अधिक है।

गाय का अंतिम संस्कार

नवंबर, 1960 में केप केनवेरल (फ्लोरिडा) से प्रक्षेपित एक अमेरिकी रॉकेट क्यूबा की एक गाय से टकरा गया था, जिससे गाय मर गई थी। क्यूबा सरकार ने सरकारी सम्मान के साथ उस गाय का दाह-संस्कार किया था।

अणुओं की संख्या

एक बूंद पानी में 15,000,000,000,000,000,000,000 अणु होते हैं।

एन.एम.आर.

न्यूक्लियर मैग्नेटिक रेसोनैंस स्कैनर शरीर में एक मिलिमीटर मोटाई वाली रसौली तक का पता लगा सकता है।

खतरनाक रसायन

मानव-निर्मित टी.सी.डी.डी. एक ऐसा रसायन है, जो सायनाइड से 1,50,000 गुना अधिक जहरीला होता है।

विचित्र कैमरा

इंग्लैंड के एसेक्स विश्वविद्यालय में संगलन रिसर्च के लिए ऐसे कैमरे का प्रयोग किया जाता है, जो प्रतिसेकंड 300 करोड़ चित्र उतार सकता है।

तांबा

यदि तांबे को काफी समय तक हवा में रखा जाए, तो यह हरे रंग का हो जाता है।

तापमान

अमेरिका की प्रिंस्टन प्लाज्मा भौतिकी प्रयोगशाला में एक वैज्ञानिक ने सफलतापूर्वक 820 लाख डिग्री सेंटीग्रेड तापमान पैदा किया।

अंतरिक्ष दूरबीन

अंतरिक्ष में एक बहुत बड़ी दूरबीन पृथ्वी के चारों ओर परिक्रमा कर रही है। वह अंतरिक्ष की विशेषताओं का अध्ययन करती है।

अंतरिक्ष दूरबीन

तापमापी

मनुष्य ने एक इतना छोटा तापमापी विकसित कर लिया है, जो एक कोशिका का भी तापमान माप सकता है। इसकी नोक का व्यास केवल एक माइक्रॉन है।

हँसाने वाली गैस

नाइट्रस ऑक्साइड गैस को सूंघने से व्यक्ति हँसने लगता है। इसलिए इसे 'हँसाने वाली गैस' के नाम से जाना जाता है।

लीप वर्ष

ग्रिगेरिन कैलेंडर में लीप वर्ष की शुरुआत जूलियस सीजर ने की थी।

सैकरीन

सैकरीन चीनी से 500 से 700 गुना अधिक मीठी होती है।

वॉवल के बिना शब्द
RHYTHM छ: अक्षरों वाला एक शब्द है, जिसमें कोई वॉवल नहीं आता।

इत्र
स्पर्म व्हेल एक ऐसा पदार्थ स्रावित करती है, जो इत्र बनाने में प्रयुक्त होता है।

टेस्ट ट्यूब बेबी
इंग्लैंड के ओल्डहैम शहर में विश्व की ऐसी पहली बच्ची पैदा हुई, जिसे मां के शरीर से बाहर टेस्ट ट्यूब में विकसित करके गर्भाशय में प्रत्यारोपित किया गया था। उसका नाम लुइस जॉय ब्राउन है।

कोशिकाओं की संख्या
नवजात बच्चे के शरीर में 260 करोड़ से अधिक कोशिकाएं होती हैं।

जीवाणु
अप्रैल, 1967 में एक अंतरिक्ष उड़ान के दौरान 1,35,000 फुट की ऊंचाई पर भी जीवाणु पाए गए।

कुछ आंकड़े:
सबसे हल्की गैस   : हाइड्रोजन
सबसे भारी धातु   : ऑस्मियम
सबसे हल्की धातु   : लीथियम
सबसे ठोस पदार्थ   : हीरा
लंबाई का सबसे छोटा मात्रक : अट्टोमीटर

जेट विमान
एक जेट विमान 1 दिन से कम समय में धरती की परिक्रमा कर सकता है।

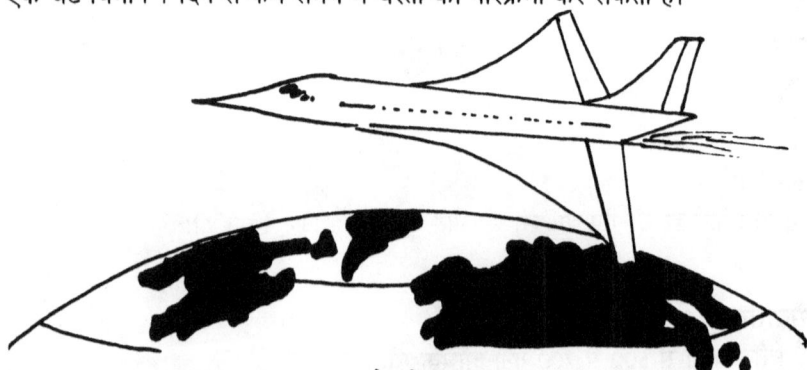

जेट विमान

लंबी दूरी

सन् 1974 में हरक्यूलस तारापुंज के एक सितारे एम-13 की ओर धरती से एक रेडियो संदेश प्रसारित किया गया। यदि उस संदेश को धरती की ओर परावर्तित करके भेजा जाए, तो वह सन् 50,000 से पहले यहां नहीं पहुंचेगा।

सीसा

लेड पेंसिल में सीसा नाम के लिए भी नहीं होता। इसमें केवल ग्रेफाइट होता है।

हीरा

हीरा कार्बन का ही एक अपरूप है।

सूखी बर्फ

ठोस कार्बन डाइऑक्साइड को 'सूखी बर्फ' कहा जाता है। यह बिना पिघले (सीधे) ही वाष्प में परिवर्तित हो जाती है।

समुद्रों में नमक

यदि समुद्रों के पानी में मिले नमक को अलग करके सुखा लिया जाए, तो इससे धरती के चारों ओर 1.6 किमी. मोटी और 288 किमी. ऊंची दीवार बनाई जा सकती है।

अणुओं की संख्या

एक लिटर वायु में 3×10^{22} अणु होते हैं, जिन्हें कोई व्यक्ति उम्र भर भी नहीं गिन सकता।

गेंदों का खेल

एक रबड़ से बनी और दूसरी स्टील से बनी 2 गेंदों को यदि पक्के फर्श पर एक ही बल से मारा जाए, तो स्टील की गेंद अधिक उछाल लेगी।

गेंदों का खेल

एडीसन

थॉमस एल्वा एडीसन

विश्व-प्रसिद्ध वैज्ञानिक थॉमस एल्वा एडीसन ने अपने जीवन-काल में 1,000 से भी अधिक आविष्कार किए।

परमाणु घड़ी

पिछले 20 वर्षों में वैज्ञानिकों ने एक ऐसी परमाणु घड़ी बनाई है, जो 17,00,000 वर्षों में केवल एक सेकंड तेज या सुस्त होगी। यह हाइड्रोजन मेसर की आवृत्ति पर आधारित है।

छोटे से भी छोटा

अधिकांश लोग सोचते हैं कि इलेक्ट्रॉन सबसे छोटा कण है, लेकिन यह बात सत्य नहीं है। इससे भी छोटा कण फोटॉन है, जिसका द्रव्यमान 3×10^{-50} ग्राम है। यह प्रकाश कण है।

जादुई दर्पण

चीन और जापान में सदियों से जादुई दर्पणों का निर्माण होता आया है। इस दर्पण में यदि आप अपना चेहरा देखें, तो वह आम दर्पणों की भांति दिखाई देगा, किंतु यदि आप उस दर्पण को सूर्य की ओर करके, परावर्तित प्रकाश को किसी सफेद पर्दे पर डालें, तो आपको गौतम बुद्ध की अनेक मूर्तियां दिखाई देंगी।

सबसे भारी और सबसे हल्की धातु

लीथियम धातु सबसे हल्की है, जबकि ऑस्मियम धातु सबसे भारी है। ऑस्मियम की एक 2 फुट लंबी, 2 फुट चौड़ी और 2 फुट मोटी सिल्ली का वजन एक हाथी के बराबर होता है।

बर्फ

यदि बर्फ को अमोनिया द्रव में रख दिया जाए, तो वह नहीं पिघलती है।

क्विक सिल्वर

क्विक सिल्वर कोई चांदी नहीं है, बल्कि यह पारे का नाम है। यह अकेली ऐसी धातु है, जो तरल अवस्था में रहती है। यह इतनी भारी होती है कि इस पर लोहा भी तैरता है।

झूठ का पता लगाने वाली मशीन

'लाई डिटेक्टर' या 'पोलीग्राफ' एक ऐसी आश्चर्यजनक मशीन है, जो अपराधियों द्वारा दिए गए कथनों में झूठ और सच का पता लगा लेती है।

लेसर किरणें

लेसर किरणें इतनी शक्तिशाली होती हैं कि ये सबसे कठोर पदार्थ हीरे में भी छेद कर सकती हैं।

सबसे तीव्र वेग की कार

पोर्श्च 9591 नामक कार का वेग सबसे अधिक होता है। सड़क पर इसका अधिकतम वेग 317 किमी. प्रतिघंटा मापा गया है।

फूल्स गोल्ड

पुराने समय में अनेक व्यक्ति आयरन पाइराइट्स के पीले रंग के कारण सोने से भ्रमित हो जाते थे। इसीलिए इस लोहे के अयस्क का नाम 'फूल्स गोल्ड' पड़ गया।

एस्बेस्टस

एस्बेस्टस एक अग्निरोधी पदार्थ है, जो 3,000° सेल्सियस तक भी नहीं जलता है।

एसबेस्टस

10

कुछ अन्य आश्चर्य

विशाल स्पार्क

बादलों में बिजली कौंधते समय पैदा होने वाले स्पार्क में लगभग 3 करोड़ वोल्ट विद्युत विभवांतर होता है। इस स्पार्क का तापमान लगभग 30,000° सेल्सियस होता है, जो सूरज के तापमान से भी पांचगुना अधिक होता है।

युद्ध में मृतक

दूसरे विश्व युद्ध में लगभग 5.5 करोड़ लोग मौत के घाट उतार दिए गए थे। रूस के मृतकों की संख्या सबसे अधिक (लगभग 2 करोड़) थी।

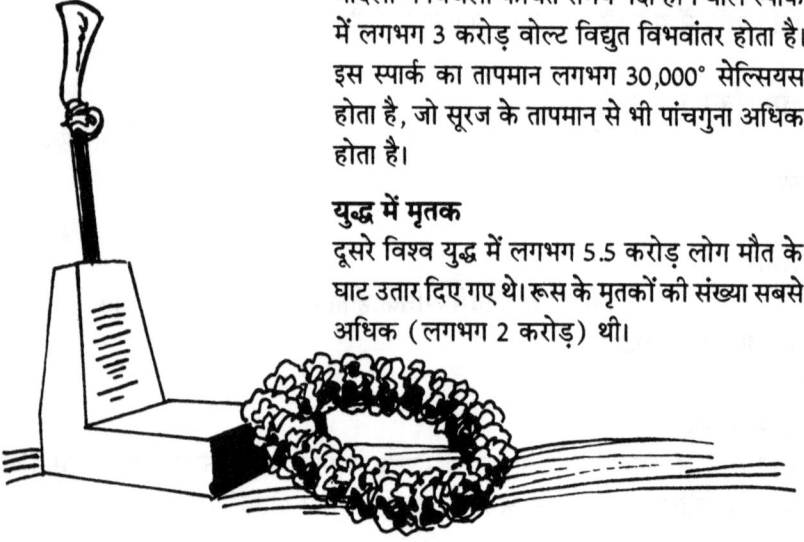

बिना अंत के

पाई एक ऐसी संख्या है (वृत्त की परिधि और व्यास का अनुपात), जिसका परम मान आज तक भी कोई पता नहीं लगा पाया है। इसका मान लगभग 22/7= 3.14 है। कंप्यूटर द्वारा पाई का मान दशमलव के 1.6 करोड़ अंकों तक निकाला जा चुका है।

अभिमान का फल

एक स्टांप को लेकर सन् 1930 में बोलीविया और पैरागुआ के बीच युद्ध छिड़ गया था।

सर्वाधिक भाषाएं

भारत में 17 भाषाओं को राजकीय मान्यता प्राप्त है, जबकि यहां 857 भाषाएं और बोलियां बोली जाती हैं। 87 करोड़ के इस देश की राजभाषा हिंदी है, लेकिन इसे केवल आधे लोग ही बोल पाते हैं।

उंगलियों के निशान

उंगलियों के निशान

विश्व के किन्हीं भी दो व्यक्तियों की उंगलियों के निशान एक जैसे नहीं होते। इस तथ्य का उपयोग अपराधियों का पता लगाने में पुलिस करती है।

टेलकम पाउडर

शरीर पर लगाए जाने वाले सुगंधित टेलकम पाउडर 'टेल्क' नामक पत्थर, जो सबसे मुलायम खनिज है, से बनाया जाता है। इसमें बाद में सुगंधि मिला दी जाती है।

बिना 'ई' की पुस्तक

अर्नेस्ट रिट ने सन् 1939 में 50,000 शब्दों की गैडबाई (Gadby) नामक पुस्तक लिखी थी। इस पुस्तक में कहीं भी अंग्रेजी के 'ई' अक्षर का प्रयोग नहीं किया गया है।

टी.वी. प्रोग्राम

प्रिन्स चार्ल्स और लेडी डायना की शादी, जो सन् 1981 में हुई थी, का टेलीविजन प्रोग्राम 75 करोड़ लोगों ने देखा था।

मलेरिया

मच्छरों के काटने से विश्व में प्रतिवर्ष 4 करोड़ लोग मलेरिया के शिकार हो जाते हैं।

नाक द्वारा रोग-निदान

यूरोप में आधुनिक चिकित्सा विज्ञान से पहले डॉक्टर अपने रोगियों के रोग का पता उसकी नाक द्वारा लगाते थे।

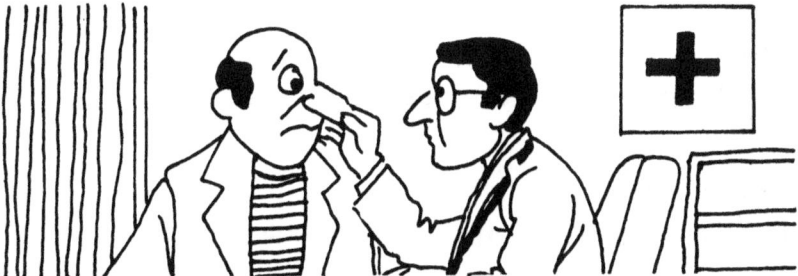

नाक द्वारा रोग-निदान

वर्णमाला

कंबोडिया की भाषा की वर्णमाला में 72 अक्षर हैं।

सबसे लंबा शब्द

अंग्रेजी भाषा का सबसे लंबा शब्द : 'Praetertranssubstantiationalistically इसमें कुल 37 अक्षर हैं।

स्टार ट्रेक

'स्टार ट्रेक' अब तक की सबसे महंगी फिल्म है।

पेस्ट्री

15 जून, 1983 में स्वीडन की गोथेनबर्ग पेटीसिअर्स एसोसिएशन ने 1607 फुट 2 इंच लंबी एक पेस्ट्री बनाई थी।

पेंसिल

पेंसिल

सिर्फ अमेरिका में आज 350 विभिन्न किस्मों की पेंसिलें बनाई जाती हैं और प्रतिवर्ष 2 अरब पेंसिलें बेची जाती हैं।

शेयर

स्विस कंपनी का एक शेयर सबसे महंगा बिका था। उसका मूल्य 38,486 डॉलर था।

पेंटिंग

फ्रांस और स्पेन की गुफाओं में बनी कुछ पेंटिंग 30,000 वर्ष पुरानी हैं।

सबसे बड़ा मोती

प्रसिद्ध मोती- द होप पर्ल (The Hope Pearl) का वजन 300 ग्रा. है।

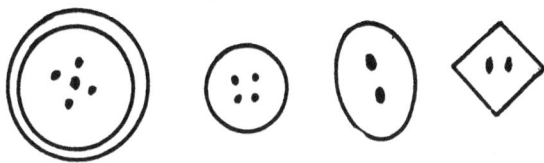

बटन

बटन

यद्यपि आज बटन प्लास्टिक, कांच, सीप, धातु आदि से बनाए जाते हैं, लेकिन लगभग 4,000 वर्ष पूर्व यूनान के लोग सोने के ठोस बटन बनाते थे।

टिप

'टिप' शब्द 'टू इनस्योर प्रौम्प्टनेस' (To Insure Promptness) का संक्षिप्त रूप है।

यूनानी देवी के नाम से अंग्रेजी शब्द

हाइजीन (Hygiene) शब्द की उत्पत्ति यूनानी देवी हाइजिया (Hygieia) से हुई है।

जीवित देवी

नेपाल के हिंदू एक जवान लड़की 'कुमारी देवी' की पूजा करते हैं। इस लड़की का चयन 'बुद्ध स्वर्णकार' जाति से किया जाता है। जब उसकी उम्र केवल तीन वर्ष होती है, तब उसे देवी का रूप दिया जाता है। वह उस समय देवी मानी जाती है, जब कंकालों से भरे कमरे में कुछ समय अकेली रहकर अपनी बहादुरी का प्रमाण दे देती है।

दो में एक

केवल पैरागुआ का राष्ट्रीय झंडा ही ऐसा झंडा है, जो दोनों ओर से एक जैसा नहीं है। इस झंडे के एक ओर लाल, सफेद और नीली पट्टियां हैं, जिनमें सफेद पट्टी पर राष्ट्रीय अस्त्र बने हैं। दूसरी ओर इन्हीं रंगों की पट्टियां हैं, लेकिन सफेद पट्टी पर ट्रेजरी सील लगी हुई है।

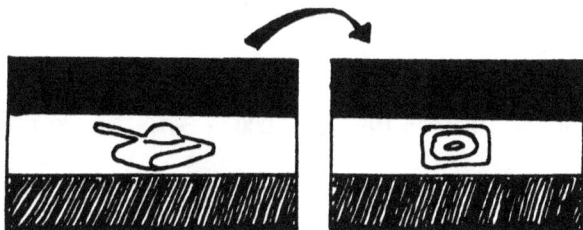

झंडा – दोनों और एक जैसा नहीं

योग, जो समान रहता है

तीन अंकों की कोई संख्या लें, जिसमें पहला अंक अंतिम अंक से बड़ा हो। माना कि यह संख्या 521 है। इसे उल्टा करें। यह 125 हो जाएगी। अब छोटी संख्या को बड़ी में से घटाएं (521-125 = 396)। अब इसे उल्टा करके इसी में जोड़ दें अर्थात् 693 + 396। यह 1089 होगा। इस प्रकार योग हमेशा ही 1089 होगा।

गिनते रहें

यदि एक व्यक्ति 100 संख्याएं प्रतिमिनट की दर से गिनता है और दिन में आठ घंटे तथा सप्ताह में पांच दिन गिनता ही रहता है, तो उसे 10 लाख तक गिनने में चार सप्ताह का समय और 100 करोड़ तक गिनने में 80 वर्ष से अधिक का समय लगेगा।

डबलरोटी

जर्मनी में 200 से अधिक किस्म की डबलरोटियां बनाई जाती हैं।

लाखों की पसंद वाला चूहा

वाल्ट डिजनी की मशहर फिल्म 'मिक्की माउस' का चूहा लाखों लोगों की पसंद है। मिक्की को उसके चाहने वालों से 8,00,000 पत्र प्राप्त हुए, जिनकी दर 2,000 प्रतिदिन थी।

मिक्की माउस

चिप क्रांति

नाखून के आकार की सिलिकान चिप पर 64,000 से अधिक शब्द संचरित किए जा सकते हैं।

एल.एस.डी.

एल.एस.डी. बहुत ही शक्तिशाली एक नशीली दवा है।

नोबेल पुरस्कार

विश्व में केवल तीन महान हस्तियां ऐसी हुई हैं, जिन्हें उनके जीवन-काल में दो नोबेल पुरस्कार प्राप्त हुए। ये थे मैडम क्यूरी, जॉन बार्डीन और लाइनस पौलिंग। क्यूरी परिवार को पांच नोबेल पुरस्कार मिल चुके हैं।

टैक्सी

टैक्सी का रंग

टैक्सी के काले और पीले रंग की उत्पत्ति उस काली और पीली ड्रेस से हुई है, जो लंदन के कैब ड्राइवरों ने 13 अगस्त, 1897 को पहली बार पहनी थी।

विश्व का समस्त स्वर्ण

पाषाण युग से अब तक विश्व में कुल स्वर्ण के उत्पादन का अनुमान लगभग 1,00,000 टन है और इसके लगभग आधे का उत्पादन सन् 1850 के बाद हुआ है।

लीप वर्ष

लीप वर्ष हर चार साल बाद आता है, लेकिन जो वर्ष दो शून्यों से समाप्त होते हैं और 400 से अविभाज्य होते हैं, वे लीप वर्ष नहीं होते। उदाहरण के लिए – सन् 1700 और 1800 चार से तो विभाज्य हैं, लेकिन ये लीप वर्ष नहीं हैं।

प्रथम परमाणु बम

विश्व के प्रथम परमाणु बम का परीक्षण 16 जुलाई, 1945 को अमेरिका में किया गया था। यह ओपनहीमर की देख-रेख में बनाया गया था।

रोग-नियंत्रण

टीकों द्वारा लगभग 18 रोगों पर नियंत्रण पाया जा सकता है।

अंडे खाने का कीर्तिमान
पीटर डोडेस्वेल 58 सेकंड में 14 उबले अंडे खा गया था।

नाभिकीय अस्त्र-शस्त्र
विश्व में नाभिकीय अस्त्र-शस्त्रों के जो भंडार हैं, उनकी क्षमता 15 हजार मैगाटन टी.एन.टी. के समतुल्य है। यदि इसे विश्व की जनसंख्या में विभाजित किया जाए, तो प्रत्येक व्यक्ति के हिस्से में तीन टन टी. एन. टी. के समतुल्य ऊर्जा आती है।

नाभिकीय अस्त्र-शस्त्र

गुरुत्वाकर्षण
सेब को पेड़ से नीचे गिरते देखकर आइजक न्यूटन के दिमाग में गुरुत्वाकर्षण का विचार कौंधा था।

रेडियो स्टेशन
विश्व में सबसे अधिक रेडियो स्टेशन अमेरिका में हैं। इनकी संख्या 9,512 है।

एक्सपो-70
ओसाका (जापान) में लगी एक्सपो-70 प्रदर्शनी को विश्व के 6,42,18,770 लोगों ने देखा था।

दरवाजा
हमने अनेक आकारों के दरवाजे देखे हैं, लेकिन केप केनवेरल (फ्लोरिडा) की व्हेकल एसेंबली बिल्डिंग में एक ऐसा दरवाजा है, जो 460 फुट ऊंचा है।

ज्वालामुखी से हीरे

फिलीपिन्स का पिनातुबो ज्वालामुखी पिछले 600 वर्षों से शांत पड़ा था। 9 जून, 1991 को यह फिर से क्रियाशील हो उठा। इस बार इसकी लावा (राख) में हीरे जैसे अनेक मणिभ प्राप्त हुए, जिन्हें बच्चों ने वहां जाकर चाव से एकत्रित करके बाजार में बेचा। एक माचिस की डिब्बी भरे इन रत्नों का मूल्य उन्हें लगभग 200 पेसो (7 डॉलर) मिला।

एक अद्भुत बालक

मिस्र का कोई भी फेरोह रामसेस की तुलना नहीं कर सकता। वह दस वर्ष की उम्र में ही सेना का कप्तान बन गया था।

नृत्य

सन् 1599 में विल केंप मौरिस 9 दिनों तक लंदन से नौरविचे तक नाचता चला गया।

केला

केला

7 दिसंबर, 1973 को कैलीफोर्निया (इरविन) के निवासी डॉ. रोनाल्ड एल. अलकाना 2 मिनट में 17 केले खा गए थे।

■■

www.ingramcontent.com/pod-product-compliance
Lightning Source LLC
Chambersburg PA
CBHW071056280326
41928CB00050B/2526